金银同辉

南宋金银货币精华

浙江省博物馆◎编

文物出版社

南宋金银货币精华展

主　办

浙江省博物馆

协　办

中国钱币学会金银货币专业委员会

支持单位

宁波博物馆　湖州博物馆　义乌博物馆
黄石市博物馆　广东省文物考古研究所

序

南宋，一个在北宋灭亡之后，由赵宋皇族避难于江南而建立起来的政权。在失去广阔土地，失去丰富财源之后，几经辗转，几经磨难，最终定都临安。经过 9 位皇帝 150 多年的稳定发展，南宋在政治、文化、经济等方面都有了蓬勃的发展，出现了民和俗静、家给人足、牛马遍野、粮食丰收、民生富庶、安居乐业的繁荣景象。同时，开放的政策使海外贸易也取得了长足的进步，日本、高丽以及东南亚、南亚、西亚的商船纷纷来到广州、泉州、明州等重要港口进行贸易。南宋京城临安不仅是南宋政府政治、文化、经济的中心，更是四海商贾云集的重要都城，成为"暖风吹得游人醉"的人间天堂。

南宋金银货币主要是 20 世纪 50 年代以后在中国大陆发现的古代金银货币新品种。1955 年湖北黄石市出土了银铤窖藏，1956 年杭州火车站附近出土 6 件金铤，之后，又陆续在浙江杭州、湖州、温州，安徽六安，河南方城，江苏溧阳，湖北黄石、蕲春，四川双流，江苏南京等地有大量出土。据不完全统计，总数达千件以上，其中有金铤、金牌、金页和各种各样铭文的大小银铤。从目前已发现的金银货币上看，其种类和数量远远超过了前代，且形态多样。

南宋定都临安后，城区人口迅速增加，各种消费品需求扩大，不仅促使商业经济的繁荣，还促进了货币形式的多样化。除纸币与铜铁钱等重要通货外，贵金属黄金白银也作为政府的基本财富，在国家税收、专卖制度、海外贸易、地方政府上供、大宗商业贸易等方面都发挥重要的作用。

南宋金银货币的出现，与京城临安御的上百家金银盐钞交引铺大有关系。吴自牧《梦粱录》卷十三《铺席》："杭州大街，自和宁门权子外，一直至朝天门外清和坊。南至南瓦子北，谓之'界北'。中瓦子前，谓之'五花儿中心'。自五间楼北，至官巷南街，两行多是金银盐钞引交易铺。门列金银及现钱，谓之看垛钱，此钱备准榷货务算请盐钞引。诸作打及炉鞴。"这些金银交引铺打造的金银货币上大多都钤有各种戳记，内容主要有"京销铤银"或"京销银"、重量、金银铺名、金银铺主人或金银匠名，与之相伴的还有临安的街巷名、桥梁名和街区方位名的戳记，显示该金银铺大致位置。现已发现临安地名有霸北街西、霸北街东、霸南街西、霸南街东、霸东街南、霸西、市西、铁线巷、柴木巷、水巷里角、猫儿桥东、跨浦桥北、朝天门里、清河坊北、都税务前、霸头里角、街东桥西、街东面西、荐桥北街东、官巷前街、保佑坊南等，足以印证了文献史料的记载。

值得注意的是，宋代国家财政收入主要是通过田赋、徭役、地方的上供、政府控制的专卖品收入、各项赋税完成的。而这些财富有很大一部分是折成金银上供朝廷，这就促使京城以及外省的金银铺业迅速发展，大量打造金银铤等才能满足市场的需要。因此，南宋金银交引铺的经营范围在保留前朝金银铺的各项业务的基础上新增了兑换政府专卖品钞引的经营业务，也就是说其业务范围主要有钞引的买卖、金银货币的买卖和兑换、金银器饰及金银铤等的打造等。因此，通过对南宋金银货币的研究和展示，可以认识到这些看似寻常的南宋金银货币的背后却隐藏了南宋京城临安铸造金银及政府商民使用金银的许多秘密，从商业经济的角度印证了京城临安的繁盛。

浙江省博物馆地处南宋故都，一直注重收藏和研究南宋金银货币，其中1956年杭州火车站附近出土的金铤、1988年长明寺巷出土的金牌、1999年西湖大道出土的金铤等都是南宋金银货币中的精品，也是我馆馆藏的一大特色。本次展览共有展品400件左右，展品来自于本馆和其他博物馆的馆藏、及其中国钱币学会金银货币专业委员会部分会员的藏品，还有南宋沉船南海一号出水的金银货币。这是一次南宋金银货币的集中展出，相信展览会让更多的人透过金银货币了解京城临安的富庶和繁华，感受那段逝去的历史。

浙江省博物馆馆长 陈水华

二〇一九年七月二十日

目录

从南宋金银货币看京城临安的经济繁荣

南宋定都临安后，城区人口的迅速增加，各种消费品的需求扩大，不仅促使商业经济的繁荣，还促进了货币形式的多样化。除纸币与铜钱等重要通货外，贵金属黄金白银也作为政府的基本财富，在国家税收、专卖制度、海外贸易、地方政府上供、大宗商业贸易等方面都发挥出重要的作用。从目前发现的金银货币上看，其种类和数量远远超过了前代，而且形态多样。1955年，湖北黄石市出土了银铤292件，其中155件有铭文；1956年，杭州火车站附近出土的6件一两金铤，这是新中国成立后最早发现的南宋金银货币。之后，在浙江杭州、湖州、温州，安徽六安，河南方城，江苏南京、溧阳，湖北黄石、蕲春，四川双流等地都陆续出土了为数不少的南宋金银货币。这些看似寻常的南宋金银货币的背后，却隐藏了南宋京城临安铸造金银及政府商民使用金银的许多秘密，从商业经济的角度印证了京城临安的繁盛。

一、南宋金银货币的种类

目前出土发现的南宋黄金货币有大型金铤、一两金铤、金牌、金页等数个品种。大型金铤有束腰型和直型二种，重量则有五十两、二十五两、十二两半、十两、六两、三两等几种。有铭文和素面二类，铭文又有刻字和錾记之分。成色有足金和九分金。一两金铤也有直型和束腰、有铭文和无铭文的区分。有铭文的有韩四郎十分金、李六郎十分金、陈二郎铁线巷十分金、刘顺造和十分金等十余种。与一两金铤对应的，还有重量只有一两金铤的十分之一的金牌，铭文有"韩四郎""张二郎""出门税"等。金页，俗称金叶子，是近十年来出土发现的新品种，系纯金制成，薄如纸，形状似书页，上面钤有"霸头里角韩四郎""陈二郎铁线巷""保佑坊南""官巷前街"等錾记，与金铤、金牌上的铭文如出一辙。而且其重量是40克，也与金铤的重量一致，合黄金一两，同为南宋黄金货币家族中的一员。金铤、金牌、金页的铭文比较简单，通常是有表示金的成色、金银铺名、工匠名及彰名店铺的押记等。

南宋银铤的形状变化不大，重量有五十两、二十五两、十二两半、六两等，为束腰形。但铭文却大有差别，可以分为三类：1. 用刀錾刻的，文字内容较长，通常反映的是地方政府上供中央的税银和进奉银；2. 在加盖戳记的银铤上钤刻用项的铭文；3. 戳记，文字较短，却涉及诸多方面，通常有表示银铤性质的"京销铤银""京销细渗"等，表示金银铺金银匠名的"周王铺""赵孙宅""苏宅""旧日韩陈张二郎""杜一郎"等，表示金银铺位于地的"霸北街西""都税务前""猫儿桥东""街东桥西"等，表示成色的"渗银""细渗""正渗""真花银"等，表示重量的"重五十两""重二十五两""重十二两半"等。

二、临安城中百余家金银交引铺及其业务范围

砸刻在南宋金银货币上那些若隐若现的长方型戳记和长短不一的铭文，不仅显示了铸造该铤的名称、金银铺名、金银铺主或金银匠名、金银铺所在地名，还给我们带来了诸多问题：铸造这些金银货币的金银铺是一个怎样的铺席？它在南宋时期承担什么样的金银业务？这些金银铺都位于京城临安的什么地方？这些金银货币是如何使用的？

南宋定都临安后，"四方之民云集二浙"。城区人口迅速增加，对各种消费品的需求也相应增多，促进了临安商业经济的繁荣。由于城区扩大，店铺增多，在临安城的御街（今中山中路）形成了南、中、北三个商业闹市区。城南商业中心是以皇宫北边和宁门外到朝天门外的清河坊一带，这是南宋时新兴的商业区，其紧邻皇宫中央官署和贵族豪宅，有极

强的商品购买力。自官巷口到羊坝头一带，位于御街的中部，是临安最繁华的商业中心，那里诸行百市样样齐全，大小店铺紧密相连。据吴自牧《梦粱录》记载那里有名的大店达一百二十余家。城北的商业中心，是在棚桥到众安桥、观桥一带。

在众多的店铺中，有一种特殊的店——金银盐钞交引铺。据耐得翁《都城纪胜》记载："都城天街，旧自清河坊，南则呼南瓦，北谓之界北，中瓦前谓之五花儿中心；自五间楼北，至官巷御街南，两行多是上户金银钞引交易铺，仅百余家。"[1] 这里记述了宁宗端平年间（1234～1236年）京城临安（杭州）最繁华的商业街上有百余家金银交引铺。南宋末年吴自牧《梦粱录》记录了南宋临安的风俗风情，包括艺文、建置、山川、市镇、物产等等。在其卷十三"铺席"中也记载了在御街两旁多为金银交引铺："杭州大街，自和宁门权子外，一直至朝天门外清和坊。南至南瓦子北，谓之'界北'。中瓦子前，谓之'五花儿中心'。自五间楼北，至官巷南街，两行多是金银盐钞引交易铺。"[2] 同时还记述了临安城其他各处的一些著名的金银铺名，如沈家张家金银交引铺、李博士桥邓家金银铺。由此可知，在京城临安的御街南部五间楼北至官巷两旁有100多家金银钞引交易铺。金银交引铺已经是城市中主要商业店铺，并逐渐形成了行市。

南宋金银交引铺的经营范围，在保留前朝金银铺各项业务的基础上，新增了兑换政府专卖品钞引的经营业务，即有钞引的买卖、金银货币的买卖和兑换、金银器饰及金银铤等的打造等。

耐得翁《都城纪胜》和吴自牧《梦粱录》等文献所记载的，金银钞引交易铺内陈列着金银和现钱，是准备兑换、算请盐茶钞引的："门列金银及见钱，谓之看垛钱，此钱备入纳算请钞引。"[3] 由于这些"引"往往不能立即换成现钱，因此，有的就被商人出售。金银交引铺还承担收购盐茶钞引的业务，低买高卖，从中谋利。而且这种钞引买卖除了用铜钱交易外，还可以用金银交易。《宋会要·食货五》"榷货务建炎三年（1129年）十月二十五日条"记载："诏：客人愿于行在送纳现钱，或用金银算请钞引者，听，仍令提领司措置受纳，限日下给公据或合同，揭榜前去，令杭州本场，候到日下，算给钞引。"[4] 这里说的是商人携带金银或现钱到杭州榷货务算请钞引时的有关规定，即商人带钱或金银去杭州的榷货务算请盐钞，需由提领务场的监督官发给公据或合同，同时这个公据或合同也是免税的证书。免税是为了更多地吸引买卖钞引的商人。金银值大体积小，携带方便，是大宗钞引交易的最佳货币。

南宋京城临安工商业繁荣，百姓生活富裕。政府在上供、征税、支付军费、赈灾、赏赐、官吏薪俸等多采用金银，这势必导致作为贵金属称量货币的金银流入民间。相对而言，白银的使用更为广泛，人们甚至在衣食住行等方面也直接或间接使用白银。但是，民间使用金银时通常需要换成铜钱或其他货币，因此，作为兑换和买卖机构的金银交引铺就成了最佳交易场所。日本学者加藤繁《唐宋时代金银之研究》中谈到："金银铺对于品位特别高贵的珍奇金银评给特别的价格，对通常的金银则视

其金银的品种重量按时价计算，再加以一定的手续费，然后换算钱币。差不多近于机械的，不但钱币如此，欲金兑换银、银兑换金的时候，也是同样的情形办理。"[5]

宋代国家财政收入主要是通过田赋、徭役、地方上供、政府专卖品收入、各项赋税完成的。而这些财富有很大一部分是折成金银上供朝廷，这就促使京城以及外省的金银铺业迅速发展，大量打造金银铤等才能满足市场的需要。《梦粱录》"诸作打及炉鞴"和《都城纪胜》"并诸作匠炉"所记载的，就是金银打造。[6] "诸作匠"意为有好几个打造工场和工匠，"及"即镂，指的是金银雕刻，"鞴"即风箱，是打造金银器饰和金银货币时不可缺少的用具。这说明金银铺设置工场打造金银器饰及金银货币是金银铺的重要业务之一。近年来南宋金银铤的大量发现，也证实了金银铺打造金银铤是一项非常重要的业务。

三、南宋金银货币铭文中的秘密

金银是贵重物品，历来对金银的打造、买卖管理非常严格。宋时，金银器饰及货币的打造多是官府征召民间工匠到文思院冶铸。由于文思院的工匠工钱较低，手艺高超的工匠往往不肯前来就雇。因此，淳熙年间（1174～1189年），曾改由临安的"百姓作匠"或"金银铺户"承揽金银的打造，并规定支应官府差役的金银工匠，要有一定数量的财产和两名金银铺主作担保，以防作弊，并负责赔偿责任。庆元年间（1195～1201年）还规定上

贡金银须刻上金银铺名工匠的字号和监铸官吏的姓名和职务等。

1. 金银铤的铭文揭示金银交引铺的所在地

南宋金银货币中，特别是临安金银交引铺铸造的金银货币上大多都砸有戳记。内容主要有"京销铤银"或"京销银"、重量、金银铺名、金银铺主人或金银匠名，与之相伴的还有临安的街巷名，桥名和街区方位名的戳记，显示该金银铺坐落于该地。现已经发现有霸北街西、霸北街东、霸南街西、霸南街东、霸东街南、霸西、市西、铁线巷、柴木巷、水巷里角、猫儿桥东、跨浦桥北、朝天门里、清河坊北、都税务前、霸头里角、街东桥西、街东面西、荐桥北街东、官巷前街、保佑坊南等地名。

"霸头"又称坝头，因远古时此处是江海坝头而得名，是临安当时一个很重要的地名。霸头位于御街中段市西坊一带，是最繁华的商业街区。湖州出土金叶子上四角戳记即为"霸头里角"，中间铭文"韩四郎"为金银铺主或匠名，显示铸造该金叶子的金银铺在霸头里角，位于该区域的贤福坊里。此外，我们在银铤上大量看到的有"霸北街西""霸北街东"等地名。经过考证，可以大致了解这些地名，以及打造这些银铤的金银铺的大致位置："霸北街西"，即霸头北边御街的西面，大致的方位是在修义坊内。修义坊在市西坊北，西通将军桥，俗称菱椒巷，是南宋临安府肉市所在地，有肉市巷之名，也是临安著名的游艺场——大瓦的所在地。[7] 在一个银铤上与"霸北街西"戳记相伴出现的有"韩宅""曹宅""苏宅韩五郎""旧日苏韩张二郎"等戳记，显示霸北街西这个地区有韩宅、曹宅、苏宅

韩五郎、旧日苏韩张二郎等金银交引铺。"霸北街东"，即霸头北边御街的东面，其方位大致是在御街东面的贤福坊和兰陵坊之间。贤福坊，位于御街东，和市西坊相对，俗称坝东巷。兰陵坊，位于御街东，贤福坊北，宋时叫水巷，坊前有一桥，名水巷桥，桥畔商店云集。[8] 经常与霸北街东戳记一起出现在银铤上的有"赵铺""沈铺""陈铺""赵孙宅""赵宅"等戳记。显示这些金银铺是位于霸北街东。"霸南街西"，即市南坊。南宋定都以前，杭州有一个"市"，是州城的贸易市场，在平津桥西巷一带，该坊在市的南边，故名。传说苏轼在杭州当知州时，在此设病坊（医院）。南宋时又在此设惠民北局，专售医药。[9] 同一银铤上常与"霸南街西"戳记一起出现的有"相五郎""韦宅""曹陈宅"等，显示这一地区有相五郎、韦宅、曹陈宅等金银铺。"霸南街东"，从方位上看，霸南街东在市南坊东面的贤福坊，著名酒楼——五间楼就在附近，现发现与"霸南街东"相伴的是"金三郎"。也就是说，金三郎开设的金银铺位置在贤福坊里。"霸东街南"，霸东即坝东巷，位于御街东，和市西坊相对。因坊前有猫儿桥（平津桥），又称猫儿桥巷，与之相配的有"姚七郎"。霸西，即市西坊，又称坝西巷。因在旧市之西，故名。西河流经坊西，有桥三座，又称三桥街。[10] 是临安店铺最密集的闹市区，名店林立，也是临安著名游乐场——大瓦的所在地。《梦粱录》记载坊内有沈家金银交引铺、张家金银交引铺等。有"霸西王二郎"和"霸西陆宅"等戳记出现在银铤上。

除了"霸"的地名之外，还有很多以坊街巷

桥为铭文的戳记。如"市西陈铺"，市西即市西坊，"市西陈铺"意思是金银交引铺"陈铺"设立在市西坊内。又，金叶子上有"市西坊北高直铺"，意思是"高直铺"开设在市西坊北。"铁线巷"，位于修文坊，在官巷北，西至洪福桥，南宋时中央管理土木建筑的机构——将作监一度设在这里，故名监巷，铁线巷就在此坊内，可能是与坊内设有监管军火生产机构——军器监有关。[11]"顾铺"和"林六郎""陈二郎"的金银交引铺就开设在铁线巷里。"柴木巷"，位于御街东，常庆坊东北有柴垛桥，桥下是临安最大的柴木交易市场。[12]柴木巷里有"丁三郎"的金银铺。"水巷里角"，位于兰陵坊，位于御街东，贤福坊北，宋时叫水巷，坊前有一桥，名水巷桥，桥畔商店云集，这里的金银铺是"王二郎"开设的。"猫儿桥东"，位于贤福坊，因坊前有猫儿桥（平津桥），又称猫儿桥巷。[13]桥的东面有"吴一郎"金银铺。"跨浦桥北"，位于临安城东保安门附近。"张百一郎"的金银铺开在跨浦桥的北边。"朝天门里"即现在的鼓楼。"荐桥北街东"，位于新开南巷，《梦粱录》卷七记载："新开南巷，荐桥。""富乐坊东曰荐桥，北曰丰乐桥。"[14]即现在的清泰街一带。"官巷前街"，位于临安御街南段寿安坊，"寿安坊，俗名官巷。""自五间楼北，至官巷御街南，两行多是上户金银钞引交易铺，仅百余家。"[15]"保佑坊南"，位于著名酒楼五间楼南部，《梦粱录》卷七记载："保佑坊曰保佑桥，五间楼巷东曰亨桥。"[16]

"清河坊北"是南宋大将清河郡王张俊居此而得名，相当于现在的中山中路相接的河坊街西段及东太平巷一带，"清河坊"地名至今仍在沿用。这

两个银铤虽然没有明确标明金银铺名，但从这些地名上可以探寻到这些银铤的出产地。

还有一些特殊的戳记。"都税务前"，都税务是掌管都城税务的政府机关，位于常庆坊，御街东。因坊东北有柴垛桥，又称柴垛桥巷。桥畔有太和酒楼，坊北有都税务。[17]此处的金银交引铺叫"赵孙宅"。曾见一件戳记为"西河铺口"的银铤，西河为南宋临安城中一条主要的河流，其中一脉流经市西坊，与三桥水汇合。顾名思义，西河铺就是开设在西河旁边的金银交引铺。由于西河很长，又有分叉，究竟是开设在西河的那一段，成了一个解释不清的谜。但是，从临安城中金银铺集中在御街中段的事实来看，应该是在市西坊内三桥旁边。据吴自牧《梦粱录》记载市西坊南有沈家金银交引铺和张家金银交引铺。另外，还有一些方位的名称，如"街东桥西""街东面西"等，不好确定具体地点，但从上面的金银交引铺名可以知道其地点。如街东桥西有"苏宅韩五郎"，而苏宅韩五郎是在霸北街西的银铤上常见，所以可以认定街东桥西就在霸北街西。街即御街，桥有可能是修义坊内的桥。再如街东面西有"霸西夏四郎"，霸西即市西坊，御街的东面，街东面西的意思是该金银交引铺位于御街的东部，铺面向西。

2. 京销铤银等戳记透露的金银交引铺铸造金银铤的秘密

"京销铤银""京销银"是南宋银铤中最为常见的戳记铭文，意思是京城金银交引铺销铸的铤状白银。在南宋白银货币被铸造成铤的形状。胡三省《通鉴释文辨谈》中记载："今人治银，大铤五十两，

中铤半之，小铤又半之，世谓之铤银。"[18]此外，还有少量的京销渗银、京销细渗、京销正渗等。渗银、细渗、正渗都是指白银的成色。据《居家必用事类备要全集》戊集《农桑类·银》记载渗银有多种：细渗银99.3%，麓渗银99.2%，断渗银98.5%，无渗银97.5%。[19]

银铤的重量，有"重伍拾两""重贰拾伍两""重拾贰两半"等戳记。实测五十两重1800～2000克，二十五两为900～960克，十二两半为400～500克。金铤除"贰拾伍两"外，通常没有重量戳记，实际有一两、三两、六两、十两、二十五两、五十两6种之分，实测一两重36～40克，三两是96克左右，六两是280克左右，十两是340～400克，二十五两是930克，五十两是1800～2000克。

买卖、兑换金银都必须要鉴定其真伪和优劣。自古以来鉴定金银就有许多方法，其中最主要的方法是备有各种金银成色的标样，以比较观察之标准。同时，在打造金银铤牌时，也必须鉴定其成色。实测杭州火车站西出土的六枚金铤，成色在95%～99.9%之间。杭州长明寺巷出土的九块金牌，成色98%，与金铤金牌所显示的"十分金"是相符的，说明当时的人们对黄金的成色已有很高的要求。在银铤上发现有"真花银""花银""渗银""细渗"等表示白银成色的戳记铭文。显示了金银鉴定是金银铺不可缺少的业务之一。

金银铤上某某铺和某某宅的戳记是金银铺名，通常是用金银铺的主人的姓氏命名。主要有赵铺、朱铺、陈铺、沈铺、林铺、丁铺、顾铺、苏宅、韩宅、吴宅、赵宅、聂宅、王宅、孙宅、陆宅、宋宅、丁三郎铺、聂二郎铺、程二郎铺、徐赵铺、陈曹宅、孙武宅、赵王家、陈李宅、左郜宅、屠林铺、赵孙宅、薛李宅、石元铺等。金银铤上"陈二郎""韩四郎"等戳记通常显示是金银铺主人或金银匠名，常见有旧日韩陈张二郎、相五郎、倪六郎、霸西王二郎、赵宅韩二郎、霸西夏四郎、霸北梁一郎、李六郎、姚七郎、刘五郎、吴一郎、丁三郎、张百一郎、王六郎、武一郎等多种。

1999年7月杭州西湖大道出土32件金铤的背面上都有"宋宅"及押记，这说明这批金铤是一个宋姓金银铺打造的，押记是该金银铺的特殊记号，起到广告的作用。

在金银铤上打上标明成色、铺名、工匠名等多种内容的戳记，不仅可以提高金银铺的信誉，显示其成色的可靠性，而且有彰明店名、扩大知名度，具有一定的广告效应。这也符合当时京城临安有一百多家金银铺彼此间都有竞争的规律。

四、南宋金银货币的广泛使用反映了京城临安的经济繁荣

南宋金银货币由于价值高，所以它并不是直接参与日常的商业流通。据文献显示，它主要用于兑换钞引、赋税、上供、军费国费开支、赏赐、馈赠、储藏等，是研究当时社会经济金融状况极好的实物资料。

宋代国家财政收入主要是通过田赋、徭役、地方的上供、政府控制的专卖品收入、各项赋税完

成的。这些财富有很大一部分是折成金银上供朝廷，金银货币是南宋中央政府要求各级地方政府按时上供的重要财物之一。在《建炎以来系年要录》卷六十七条有明确记载："催发上供所增钱三十余万缗，黄金千五百余两，米二十二万斛，绢二十余万匹，绵亦称是。"洪适《盘洲文集》卷五记载荆门少银，"寻常贡赋多是担钱至荆南府买银，今每年至提举司请引，及管押银人纳银，有沿路脚乘等费"。淳祐末年广东转运使吴泳《鹤林集》载："广州非产银去处，本司逐时买银起纲，铢积寸累，极是艰辛。"这里讲的是各州为了完成上供白银的数量还向金银铺买银，由押银人纳银。这类银铤通常是由临安的金银交引铺铸造完成后，卖给需要上供的各县郡，其铭文是"京销铤银"等加盖某地"上供银、纲银"等字样，如"京销铤银 霸西街南 循州上供银""霸北街西 苏宅韩五郎 新州解发淳祐四年鄂州纲银"。宋代的地方上供有很大一部分是向皇帝进献财物，尤其是每逢皇帝生日，各地都要向皇帝上供祝寿财物，通常是金银、钱、丝绸、茶、香药、珍宝等等。在南宋金银货币中就发现一些刻有"天基圣节银"字样的铤银。天基圣节，或称天基节，是南宋理宗赵昀（1205～1264年）的生日。

国用及军费开支是政府最大的财政支出，国用涉及的范围很广，其中就包括官俸，史载金银有时也充当官俸。如《建炎以来朝野杂记》甲集卷左藏库条记载淳熙年间左藏库每年支给三衙及其官俸有钱一千五百五十八万余缗，银二百九十三万余两，金八千四百余两。可见金银用于官俸的数量是不少的。至于金银用于军费，史载更多。《建炎以

来系年要录》卷六十二记载："（绍兴三年，1133年）授汤东野兵千人以行，赐米六千斛，黄金二百两，白金三千两，为养兵之用。"[20] 再如《宋史·理宗本纪》端平二年（1235年）十一月戊辰记载："诏两督府各给金千两、银五万两、度牒千、缗钱五百万，为随军资。"[21]

金银用于馈赠赏赐的情况在当时是很普遍，《宋史·汤思退传》记载，秦桧病重时，召见参知政事董得元、汤思退两人入卧室，嘱咐后事，并各赠黄金千两。宋人笔记《玉堂杂记》记载："例赐牌子金百两。"周密《癸辛杂识》续集《吴妓徐篮》记载："淳祐间，吴妓徐篮擅名一时。吴兴乌壕镇有沈承务者，其家巨富……沈不能自已，以白金五百星并缣百匹馈之。"[22] 吴自牧《梦粱录》卷二十《嫁娶》中讲到："聘礼……亦送官会、银铤，谓之下财礼。"[23]《西湖老人繁盛录》记载："雪夜，贵家遣腹心人，以银凿成一两、半两，用纸裹，夜深拣贫家窗内或门缝内送人。"[24] 这些讲的是用白银做聘礼、礼金，碎银救济穷人等事。

另外，作为贵金属，金银与生俱来的保值功能在任何时候都不曾消失。只要条件允许，人们就千方百计获取黄金白银。加上其有极好的贮藏条件，碰到战乱，遂被隐藏起来，形成社会性的窖藏现象。我们现在发现的金银窖藏大多属于这种情况。洪迈《夷坚志》记载金人攻陷州城，民叶德孚母取出多年积蓄的黄金五十两，给子携出逃命。窖藏之金银终年不用，事过境迁，被人偶然掘得一事，不乏见之史书。宋人笔记《闲窗括异志》记载："李园者以种圃为业，初甚贫，一日挥锄，忽粪中有声，掘

得一瓮，皆小金牌满其中。"[25] 这些是黄金用于贮藏的典型例子。明田汝成《西湖游览志馀》卷二五《委巷丛谈》中记载南宋初年有人掘起而得"大瓮，白金满中，……诣府自列，愿以半入官，而乞厢吏护取，从其言，得银五千两，即日买屋以居"。[26] 这里讲的是用挖到白银买房子的事。洪迈《夷坚志》卷一八《余待制》记载了把银埋起来的故事："福州余丞相贵盛时，家藏金多，率以银百铤为一窖，以土坚覆之，砖蒙其上。"[27]

南宋金银货币的用途虽然不少，但它不是直接参与商业交易的媒介，人们用金银是要通过兑换成铜钱才能实施交易行为。洪迈《夷坚志》卷十《秦楚材》记载了商民可以把金银拿到金银铺去卖钱的事列："探篮中白金一块……将货之以供酒食费。肆中人视金反复玩不释手，问需几何钱？曰：'随市价见偿可也。'人曰：'吾家累作银铺，未尝见此品。'"[28] 洪迈《夷坚志》卷十《李氏二童》中讲到："（绍兴癸酉，即1153年）道十掷一物与我，拾取视之，乃银也，……将银卖与市铺，其重十两，得钱二十二千，就寄铺中，时取以供衣食之费。"[29] 这是说将白银兑换成铜钱，用以日常开支。这个文献记载非常重要，其记录的是绍兴年间（1131～1162年）白银与铜钱的比价。"重十两，得钱二十二千"，即十两白银等于铜钱22000个铜钱，换言之，一两白银等于2200个铜钱。南宋时，一贯铜钱为770文，2200个铜钱相当于三贯。也就是说一两白银可以兑换三贯铜钱，而黄金的价值是白银的十倍，即一两黄金可以兑换30贯铜钱。因此，这种需要兑换才能使用的金银货币离真正意义上的贵金属货币还很遥远。尽管如此，南宋金银

的大量发现，至少可以说明，黄金白银在南宋已成为普遍的、具有货币形态的特殊商品。

五、结论

从存世的南宋金银货币实物和历史文献记录的民间用银情况来看，南宋金银货币已经广泛应用于各项专卖、各种赋税以及政府规定的年度上供等国家财政收入，在民间生活中，金银也在商业贸易、交换、礼赠、借贷、储藏等诸多方面履行了货币的职能。京城的金银交引铺的主要职责是兑换茶盐钞引，而大量涌入市场的钞引催生了金银铺铸造金银货币的热情，金银货币不仅有了自己固定的交易场所，而且还有了固定的打造场所，并形成了相当的规模。同时，金银货币的打造开始依照统一的标准和统一的样式。众多的金银交引铺和大量金银出现在京城，显现了南宋经济的繁荣和国家的富庶。面对一块块的绚丽的金铤银铤，眼前仿佛重现出京城临安繁华都市的盛景。

注释

（1）耐得翁《都城纪胜》"铺席"条："都城天街，旧自清河坊，南则呼南瓦，北谓之界北，中瓦前谓之五花儿中心，自五间楼北，至官巷南御街，两行多是上户金银钞引交引铺，仅百余家，门列金银及

009

见钱，谓之看垛钱，此钱备入纳算请钞引，并诸作匠炉纷纭五数。"中国商业出版社，1982年。

（2）（3）吴自牧《梦粱录》卷十三《铺席》："杭州大街，自和宁门杈子外，一直至朝天门外清和坊，南至南瓦子北，谓之'界北'。中瓦子前，谓之'五花儿中心'。自五间楼北，至官巷南街，两行多是金银盐钞引交易铺，前列金银器皿及现钱，谓之'看垛钱'，此钱备准榷货务算请盐钞引，并诸作分打炉鞲，纷纭无数。"浙江人民出版社，1980年。

（4）《宋会要·食货五》"榷货务建炎三年十月二十五日"条记载："诏：客人愿于行在送纳现钱，或用金银算请钞引者，听，仍令提领司措置受纳，限日下给公据或合同，揭榜前去，令杭州本场，候到日下，算给钞引。"中华书局，1985年。

（5）[日]加滕繁《唐宋时代金银之研究》，第九章，台湾新文丰出版公司，1974年。

（6）耐得翁《都城纪胜》"铺席"条，中国商业出版社，1982年；吴自牧《梦粱录》卷十三《铺席》，浙江人民出版社，1980年。

（7）吴自牧《梦粱录》卷七《禁城九厢坊巷》："修义坊，俗呼菱椒巷，即肉市。"浙江人民出版社，1980年。

（8）吴自牧《梦粱录》卷十三《铺席》："市西坊南和剂惠民药局，局前沈家、张家金银交引铺。"浙江人民出版社，1980年。

（9）吴自牧《梦粱录》卷十三《铺席》："坝头榜亭安抚司惠民坊熟药局，市西坊南和剂惠民药局"。浙江人民出版社，1980年。

（10）吴自牧《梦粱录》卷七《禁城九厢坊巷》："市西坊，俗呼坝头，又名三桥街，并在御街西首一带。"浙江人民出版社，1980年。

（11）吴自牧《梦粱录》卷七《禁城九厢坊巷》："修文坊，即旧将作监巷。"浙江人民出版社，1980年。

（12）吴自牧《梦粱录》卷七《禁城九厢坊巷》："常庆坊，都税务南柴垛桥巷。"浙江人民出版社，1980年。

（13）吴自牧《梦粱录》卷七《禁城九厢坊巷》："贤福坊，即坝东猫儿桥巷。兰陵坊，水巷桥巷。"浙江人民出版社，1980年。

（14）（15）（16）（17）《梦粱录》卷七《禁城九厢坊巷》，浙江人民出版社，1980年。

（18）胡三省《通鉴释文辨误》，上海积山书局，1890年。

（19）《居家必用事类备要全集》戊集《银》："真花细渗分数高，纸被心低四角凹，好弱幽微说不尽，论中不错半分毫。金漆花银一百分足，浓调花银九十九分九厘，茶花银九十九分八厘，大胡花银九十九分七厘，薄花银九十九分六厘，薄花细渗九十九分五厘，纸灰花银九十九分四厘，细渗银九十九分三厘，鹿渗银九十九分一厘，断渗银九十八分五厘，无渗银九十七分五厘。"书目文献出版社，1986年。

（20）《建炎以来系年要录》卷六十二，中华书局，2013年。

（21）《宋史》卷四十一《理宗本纪》"端平二年十一月戊辰"，中华书局，1985年。

（22）周密《癸辛杂识》续集《吴妓徐篮》记载：

"淳祐间，吴妓徐篮擅名一时。吴兴乌壔镇有沈承务者，其家巨富……沈不能自己，以白金五百星并缣百匹馈之。"中华书局，1988年。

（23）吴自牧《梦粱录》卷二十《嫁娶》。浙江人民出版社，1980年。

（24）《西湖老人繁盛录》："雪夜，贵家遣腹心人，以银凿成一两、半两，用纸裹，夜深拣贫家窗内或门缝内送人。"中国商业出版社，1982年。

（25）鲁应龙《闲窗括异志》。上海古籍出版社，1996年。

（26）田汝成《西湖游览志馀》卷二五《委巷丛谈》，上海古籍出版社，2018年。

（27）洪迈《夷坚志》卷一八《余待制》。江苏古籍出版社，1988年。

（28）洪迈《夷坚志》卷十《秦楚材》。江苏古籍出版社，1988年。

（29）洪迈《夷坚志》卷十《李氏二童》。江苏古籍出版社，1988年。

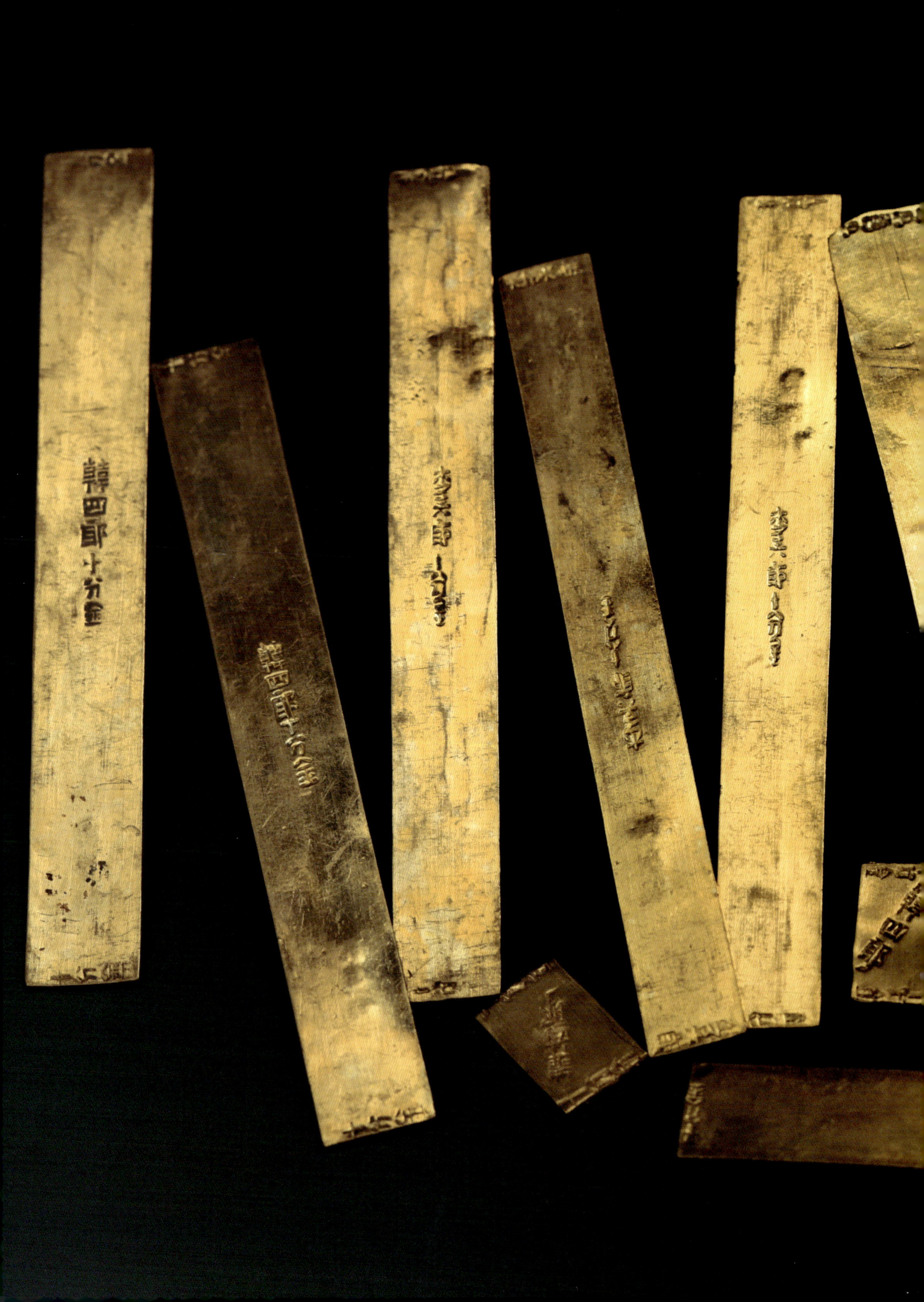

韓四郎十分金

第一部分

金铤、金牌和金页

黄金货币在中国历史上并不多见，考古发现，最早的是战国时期的楚国金钣，之后有西汉的金饼、马蹄金、麟趾金和唐代金饼金铤。从目前发现的南宋黄金货币上看，其种类和数量远远超过了前代，而且形态多样。除了早就为人们所知的一两金铤、四克金牌外，近二十年来在江浙等地陆续发现了重量不等、形状多样的大型金铤和薄如书页的金页。这些珍贵的具有货币形态的大小不一的黄金的出现，无疑给研究领域增加了新的资料，给收藏领域增加了新的品种。

和银铤相比，金铤、金牌、金页的铭文比较简单，通常是有表示金的成色、金银铺名、工匠名及彰名店铺的押记等。这些简单的铭文传达了什么样的信息？这些金铤、金牌、金页是做什么用的？

灌圃耐得翁《都城纪胜》记载了宁宗端平二年（1235 年）京城临安（杭州）最繁华商业街上有百余家金银交引铺。吴自牧《梦粱录》记录的是南宋临安的风俗风情，包括艺文、建置、山川、市镇、物产等许多方面，在其卷九《铺席》记录了临安城中一些著名的金银交引铺名，如沈家张家金银交引铺、李博士桥邓家金银铺等。林正秋《南宋都城临安》有这样的描述："远古时，此处为江海坝头，有洋坝头之称。西河流经坊西，有桥三座，故时人俗称三桥街，是临安店铺最密集的闹市区，名店林立。如沈家金银交引铺、张家金银交引铺、张家铁器铺、钮家彩帛铺……以金银交引铺和丝绸店铺为多。"由此可知，金银交引铺已经是城市中主要商业店铺，并逐渐形成了行市。金铤、金牌、金页上的铭文"铁线巷""霸头里角""霸北街西""保佑坊南""清河坊西""官巷前街"等地名显示了打造金铤等的金银交引铺的地理位置，同时印证了文献记载中的京城临安城有上百家金银交引铺的事实。

南宋政府对金银的打造和买卖的管理非常严格。庆元年间曾规定上贡金银须刻上金银铺名工匠的字号和监铸官吏的姓名和职务等。金铤、金牌、金页上的"陈二郎""韩四郎""李六郎""石三郎""韩五郎""相五郎""彭一郎""魏六郎""武一郎""许三郎""石元铺""石五铺""铁线巷""霸头里角"等人名、铺名和地名，显然是受了这一规定的影响而钤上的，也是保证质量、提高信誉的必要手段。当时京城临安有一百多家金银铺，彼此间都有竞争，标明成色、铺名、工匠名不仅可以提高金银铺的信誉，显示其成色的可靠性，而且有彰明店名、扩大知名度，具有一定的广告效应。

金银鉴定是金银铺与生俱来的业务，买卖、兑换金银都必须要鉴定其真伪和优劣。在打造金银铤牌页时，也必须鉴定其成色。金铤、金牌、金页上的"十分金""足金""赤金""九分四厘"是表示黄金的成色。杭州火车站西出土的六枚金铤，实测成色在95%～99.9%之间；杭州长明寺巷出土的九块金牌，成色98%，金页实测长95～100毫米，宽39～40毫米，重量在35～40克之间，取一铭文为"铁线巷"的样品测试，成色为97.018%，与其所标示的"十分金"相符，说明当时的人们对黄金的成色已有很高的要求。

据文献显示，当时黄金货币使用范围广泛，从国家层面上看，主要用于兑换钞引，赋税，赏赐，上供、军费、国费开支等领域。在民间，主要用于馈赠、贿赂、贮藏、布施、谢礼、赌博、赔偿等方面。

作为贵金属的黄金，由于价值高且难以获得，所以，它并不直接参与日常的商业流通，使用时需要兑换成其他货币。因此，南宋黄金货币和真正意义上的黄金货币的距离还很遥远。尽管如此，南宋金铤等的大量发现，至少可以说明，黄金在南宋已成为普遍的、具有货币形态的特殊商品，是研究当时社会经济金融状况的极好的实物资料。

目前发现南宋大型金铤有束腰型和直型二种；重量有五十两、二十五两、十二两半、十两、八两、三两等几种；有铭文和素面二类，铭文又有刻字和戳记之分；成色有足金和九分金。大型金铤在使用时，常会根据用量分割使用，就出现被切割过的痕迹，或一半、或缺角等。这是古代人们使用金银的真实反映。

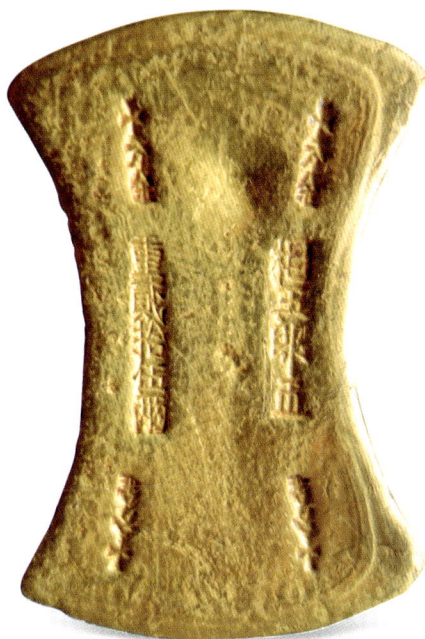

001

相五郎二十五两金铤

戳记：相五郎口 十分金 重贰拾伍两
尺寸：通长 84 毫米 首宽 60 毫米
腰宽 38 毫米 厚 14 毫米
重量：929.2 克

002

相五郎二十五两金铤

截记：相五郎□ 十分金 重贰拾伍两
尺寸：通长 84 毫米 首宽 62 毫米
腰宽 38 毫米 厚 14 毫米
重量：929.63 克

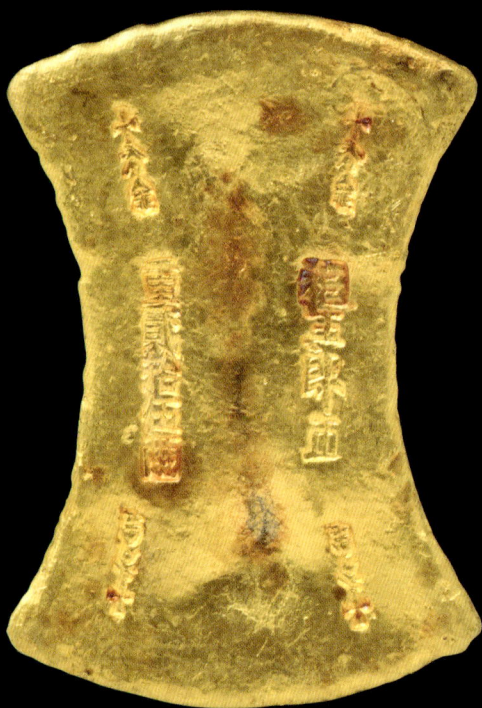

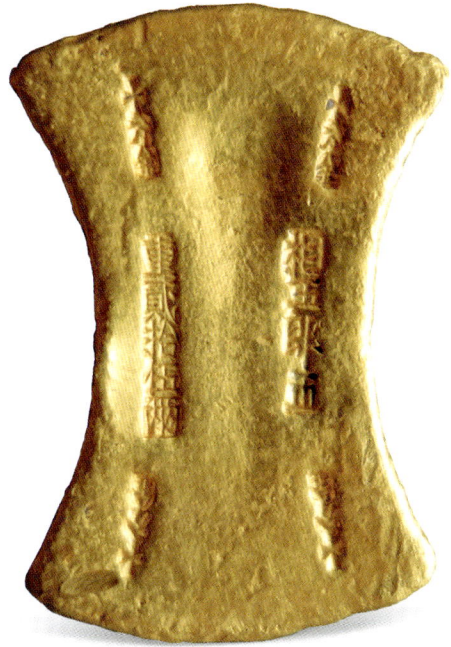

003

相五郎二十五两金铤

戳记：相五郎口 十分金 重贰拾伍两
尺寸：通长 85 毫米 首宽 62 毫米
腰宽 39 毫米 厚 14 毫米
重量：931.4 克

004

相五郎二十五两金铤

戳记：相五郎口 重贰拾伍两 十分金
尺寸：通长 84 毫米 首宽 59 毫米
腰宽 38 毫米 厚 16 毫米
重量：928.5 克

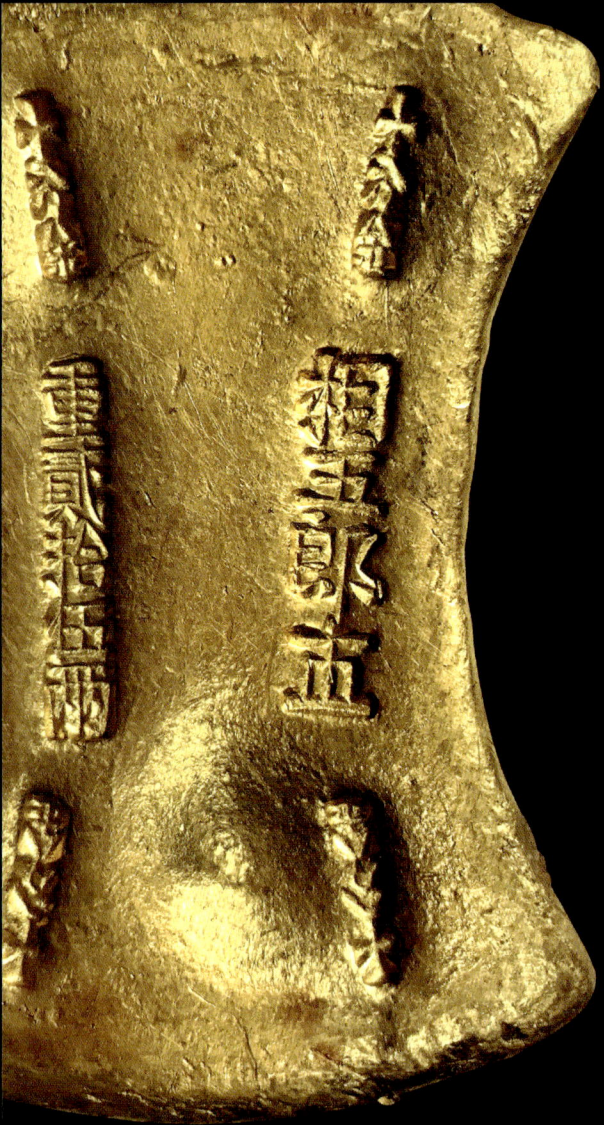

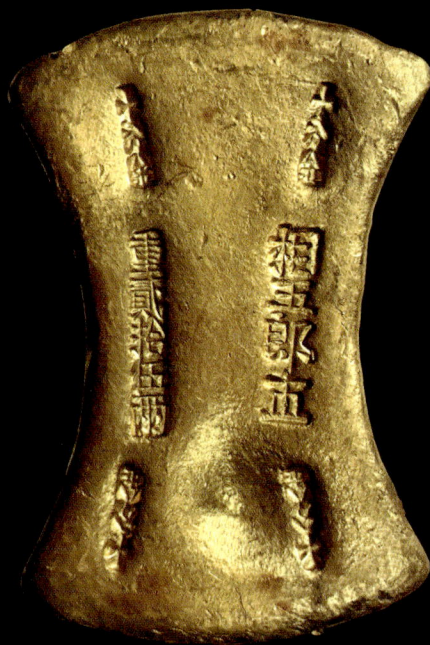

005

相五郎二十五两金铤

戳记：相五郎□ 重贰拾伍两 十分金
尺寸：通长 84 毫米 首宽 59 毫米
腰宽 38 毫米 厚 16 毫米
重量：928.5 克

006

相五郎二十五两金铤

铭戳记文：相五郎□ 十分金 重贰拾伍两
尺寸：通长 85 毫米　首宽 62 毫米
腰宽 39 毫米　厚 14 毫米
重量：928 克

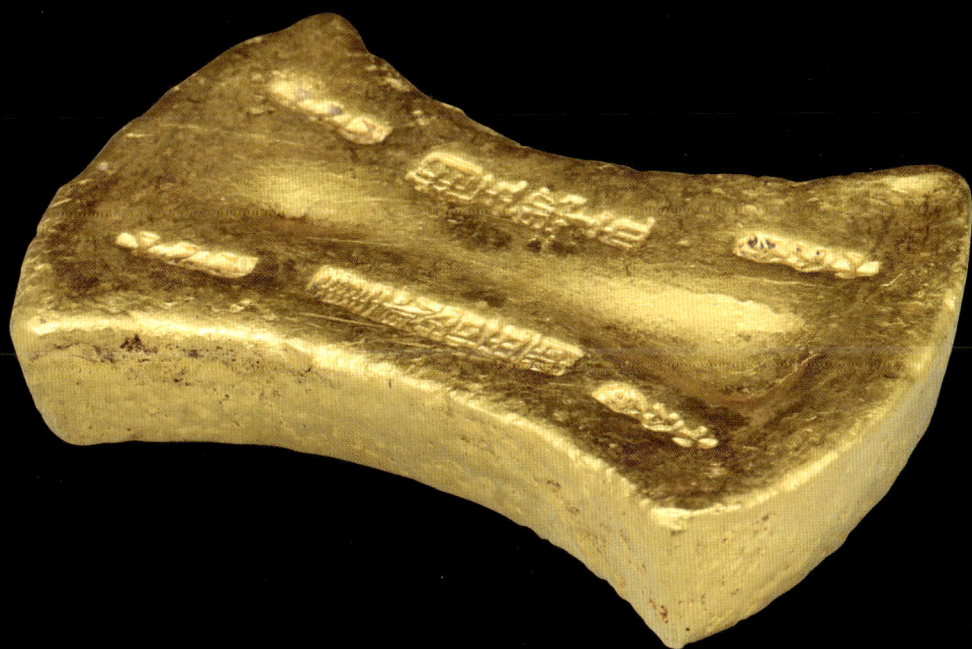

007

十分金二十五两金铤

戳记：十分金　重贰拾伍两
尺寸：通长 90 毫米　首宽 63 毫米
腰宽 40 毫米　厚 15 毫米
重量：931.9 克

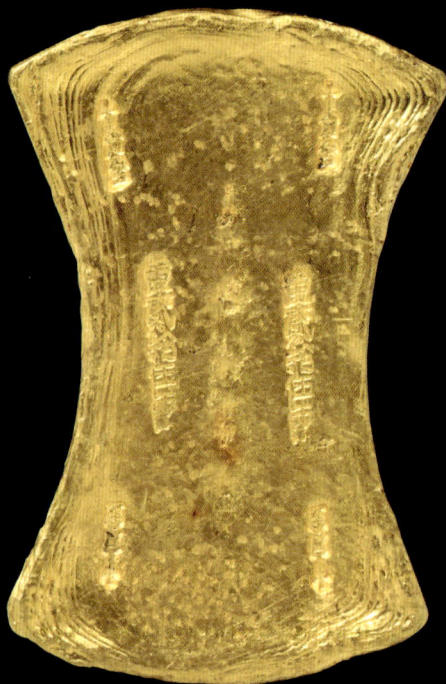

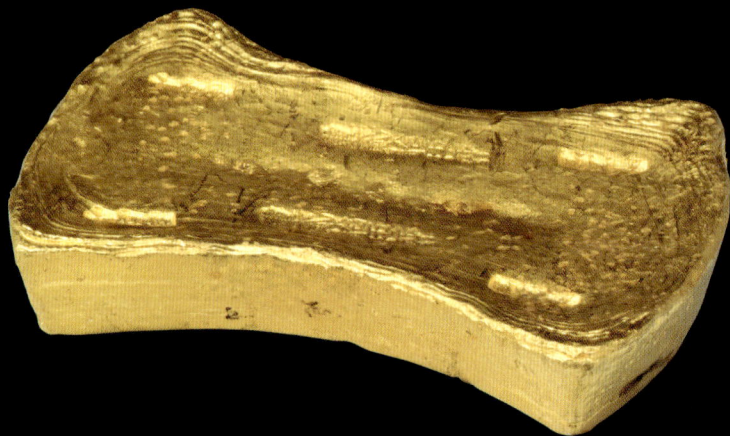

008

陈二郎十分金十两金铤

戳记：陈二郎□ 十分金
尺寸：通长 74 毫米 首宽 50 毫米
腰宽 35 毫米 厚 6 毫米
重量：369.6 克

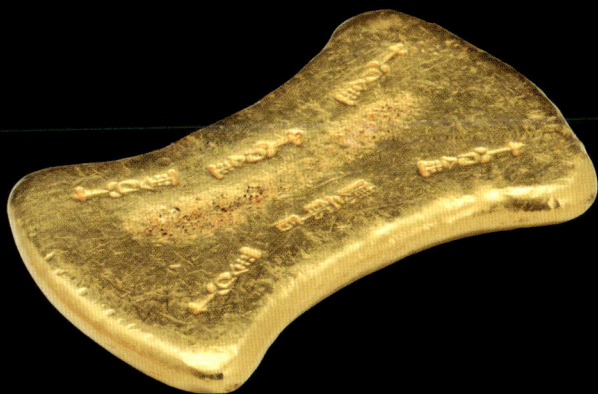

009

陈二郎十两金铤

戳记：陈二郎口 十分金

尺寸：通长 76 毫米 首宽 56 毫米

腰宽 37 毫米 厚 6 毫米

重量：370.8 克

010

陈二郎十两金铤

戳记：陈二郎口 十分金

尺寸：通长 74 毫米 首宽 52 毫米

腰宽 34 毫米 厚 6 毫米

重量：369 克

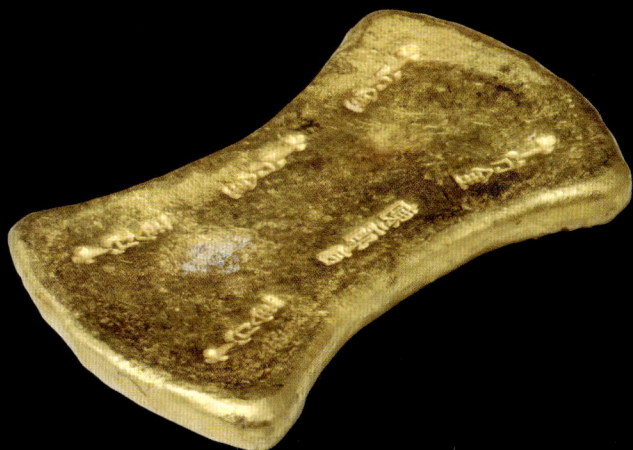

011

陈二郎十两金铤

戳记：陈二郎□ 十分金
尺寸：通长 75 毫米 首宽 56 毫米
腰宽 37 毫米 厚 6.5 毫米
重量：369.2 克

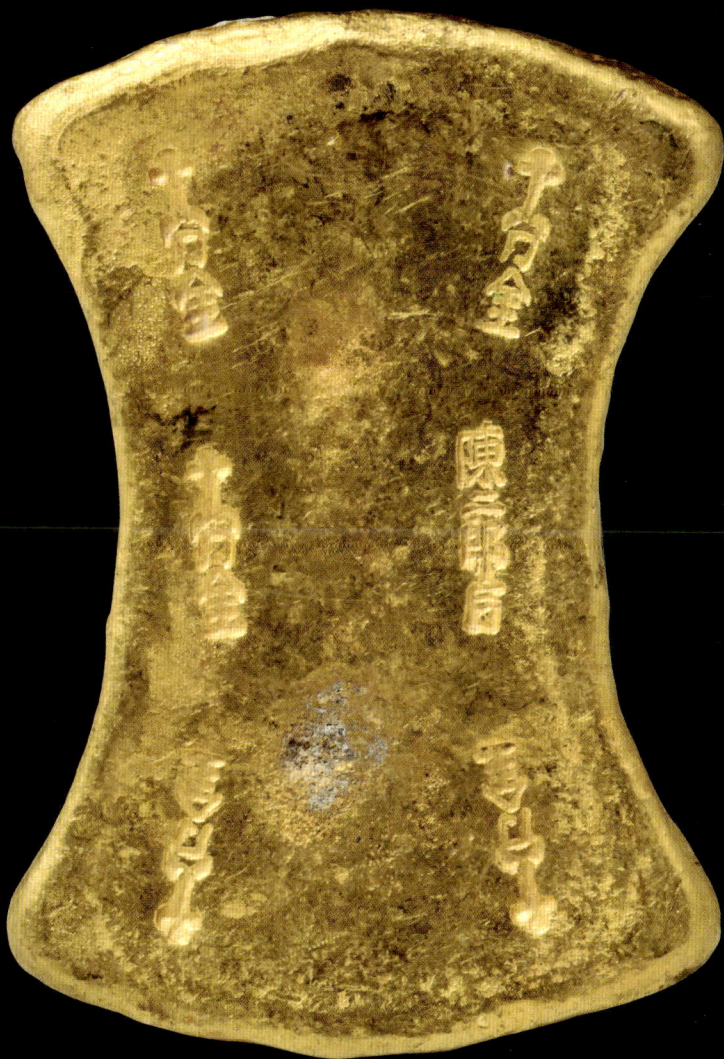

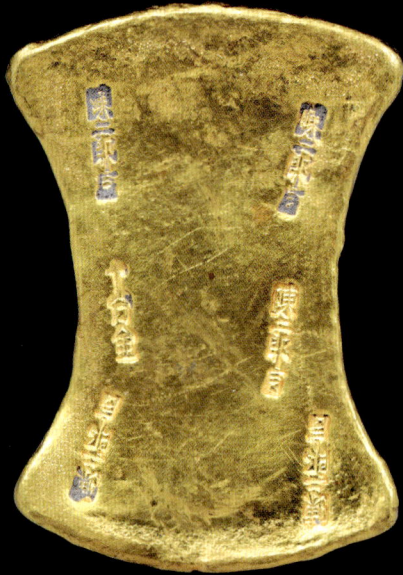

012

陈二郎十两金铤

戳记：陈二郎囗 十分金

尺寸：通长 76 毫米 首宽 55 毫米

腰宽 36 毫米 厚 9 毫米

重量：373.9 克

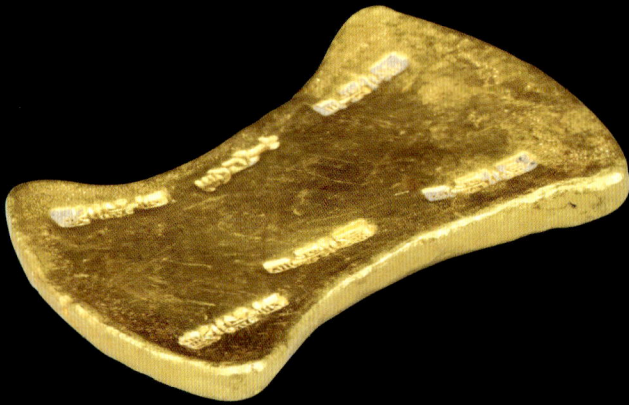

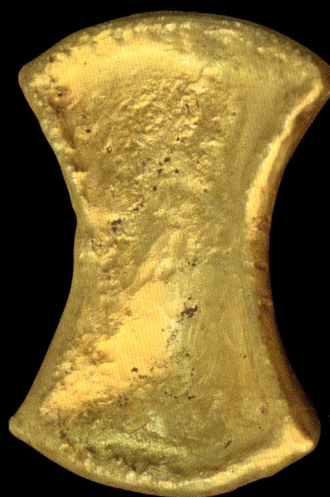

013

十两金铤

尺寸：通长 65 毫米 首宽 46 毫米
腰宽 28 毫米 厚 13 毫米
重量：388.9 克

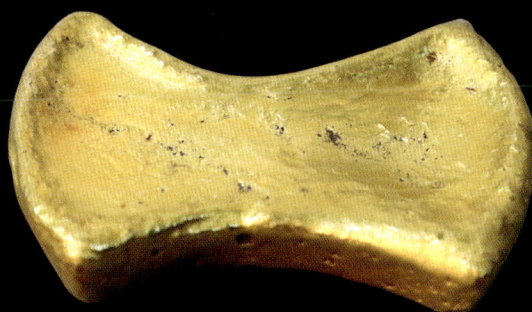

014

盛铺二十两金铤

戳记：盛铺

尺寸：通长 106 毫米 宽 38 毫米

厚 12 毫米

重量：715.4 克

015

元地字号二十两金铤（残）

刻字：元 地字号捌分金 重贰拾两壹钱

尺寸：通长 134 毫米 宽 34 毫米

厚 8 ~ 12 毫米

重量：549.1 克

016

元地字号二十两金铤（残）

刻字：元 地字号 重贰拾两

尺寸：通长 115 毫米 宽 30 毫米
厚 10 毫米

重量：432.16 克

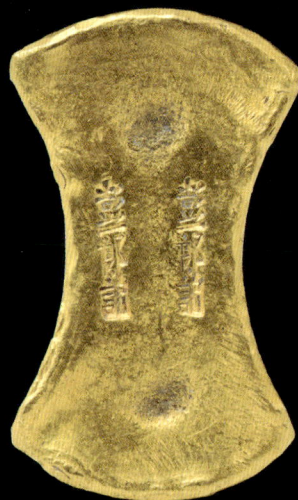

017

彭一郎记八两金铤

戳记：彭一郎记

尺寸：通长 66 毫米　首宽 41 毫米

腰宽 25 毫米　厚 7 毫米．

重量：272.5 克

018

彭一郎记十二两半金铤

戳记：彭一郎记

尺寸：通长 80 毫米　首宽 49 毫米

腰宽 27 毫米　厚 8 毫米

重量：492 克

019

葫芦印八两金铤

尺寸：通长 128 毫米　宽 15 毫米
厚 10 毫米
重量：243.36 克

020

无字金铤（残）

尺寸：通长 53 毫米　宽 53 毫米
厚 14 毫米
重量：584.8 克

021

葛文彦金铤（残）

正面戳记：葛文彦　沈世典囗　盛远囗
背面戳记：烧验讫
尺寸：通长 52 毫米　宽 45 毫米
厚 14 毫米
重量：435.18 克

022

尚坚三郎三两金铤（残）

戳记：尚坚三郎

尺寸：通长 60 毫米　通宽 12 毫米
厚 13 毫米

重量：69.7 克

023

十分金金铤（残）

戳记：十分金

尺寸：通长 32 毫米　首宽 40 毫米
腰宽 25 毫米　厚 8 毫米

重量：202.37 克

024

金铤（残）

尺寸：通长 36 毫米　首宽 40 毫米
腰宽 25 毫米　厚 10 毫米

重量：206.92 克

目前出土的一两重南宋金铤，主要集中在杭州、江苏、安徽等地。南宋金铤的形制保留直形，这主要是出于铸造工艺上的原因，其制作较为规范。杭州在 1956 年和 1999 年先后出土两批金铤，尺寸重量大致相同，一般长 101 ～ 126 毫米之间，宽在 10 ～ 17 毫米之间，厚 1 毫米左右，重量为 35.4 ～ 42 克。

025

石元铺一两金铤

戳记：石元铺 十分金
尺寸：通长 122 毫米 宽 14 毫米
厚 1.1 毫米
重量：39.1 克
1956 年杭州城站火车站附近出土

026

石三郎金铤

戳记：石三郎 十分金

尺寸：通长 123 毫米 宽 14 毫米
厚 1 毫米

重量：39.1 克

1956 年杭州城站火车站附近出土

027

武一郎金铤

戳记：武一郎 十分金

尺寸：通长 116 毫米 宽 13 毫米
厚 1.5 毫米

重量：39.6 克

1956 年杭州城站火车站附近出土

028	029	030
韩四郎金铤	**韩四郎金铤**	**韩四郎金铤**
正面戳记：韩四郎 十分金	正面戳记：韩四郎 十分金	正面戳记：韩四郎 十分金
背面戳记：宋宅囗	背面戳记：宋宅囗	背面戳记：宋宅囗
尺寸：通长 121 毫米 宽 16 毫米 厚 1.2 毫米	尺寸：通长 120 毫米 宽 15 毫米 厚 1.2 毫米	尺寸：通长 121 毫米 宽 15 毫米 厚 1.2 毫米
重量：39.3 克	重量：39.1 克	重量：39.4 克
1999 年杭州西湖大道附近出土	1999 年杭州西湖大道附近出土	1999 年杭州西湖大道附近出土

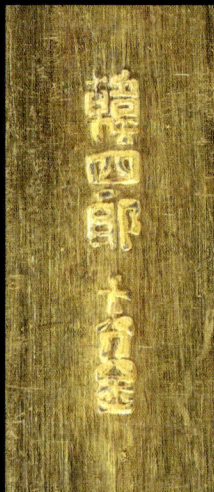

031

韩四郎金铤

正面戳记：韩四郎　十分金

背面戳记：宋宅□

尺寸：通长 120 毫米　宽 15 毫米

厚 1.2 毫米

重量：39.4 克

1999 年杭州西湖大道附近出土

032

李六郎金铤

正面戳记：李六郎 十分金
背面戳记：宋宅□
尺寸：通长 119 毫米 宽 14 毫米
厚 1.1 毫米
重量：39 克
1999 年杭州西湖大道附近出土

033

李六郎金铤

正面戳记：李六郎 十分金
背面戳记：宋宅□
尺寸：通长 119 毫米 宽 14.5 毫米
厚 1.2 毫米
重量：39.1 克
1999 年杭州西湖大道附近出土

034

李六郎金铤

正面戳记：李六郎 十分金
背面戳记：宋宅□
尺寸：通长 117 毫米 宽 14 毫米
厚 1.3 毫米
重量：39.2 克
1999 年杭州西湖大道附近出土

035

李六郎金铤

正面戳记：李六郎 十分金
背面戳记：宋宅□
尺寸：通长 117 毫米 宽 14 毫米
厚 1.3 毫米
重量：39.2 克
1999 年杭州西湖大道附近出土

036

刘三郎金铤

正面戳记：刘三郎 十分金

背面戳记：宋宅□

尺寸：通长 104 毫米 宽 10 毫米

厚 1.8 毫米

重量：31.2 克

1999 年杭州西湖大道附近出土

037

薛李宅金铤

正面戳记：薛李宅

背面戳记：宋宅□

尺寸：通长 116 毫米 宽 10 毫米

厚 1.8 毫米

重量：34.6 克

1999 年杭州西湖大道附近出土

038	039
寺桥贾四金铤	**十分金金铤**
正面戳记：寺桥贾四赤金	正面戳记：十分金
背面戳记：宋宅□	背面戳记：宋宅□
尺寸：通长 118 毫米 宽 14 毫米	尺寸：通长 125 毫米 宽 16 毫米
厚 1.2 毫米	厚 1.1 毫米
重量：39.1 克	重量：37.9 克
1999 年杭州西湖大道附近出土	1999 年杭州西湖大道附近出土

寺桥 可能是大河（今中东河）上的仙林寺桥，位于文思院旁的仙林寺东部。

040

陈二郎铁线巷一两金铤

戳记：陈二郎 铁线巷 十分金□
尺寸：通长 132 毫米 通宽 19 毫米
厚 1 毫米
重量：37.2 克

041

陈二郎铁线巷一两金铤

戳记：陈二郎 铁线巷 十分金□
尺寸：通长 123 毫米 宽 14 毫米
厚 1 毫米
重量：39.1 克

铁线巷 位于修文坊内，在官巷北。南宋时中央政府曾一度在此设立管理土木建筑的机构——将作监，故又名监巷。

042

陈二郎铁线巷一两金铤

戳记：陈二郎 铁线巷 十分金口
尺寸：通长 130 毫米 宽 17 毫米
厚 1 毫米
重量：37.1 克

043

陈二郎铁线巷一两金铤

戳记：陈二郎 铁线巷 十分金口
尺寸：通长 130 毫米 宽 17 毫米
厚 1 毫米
重量：37 克

044

陈二郎铁线巷一两金铤

戳记：陈二郎 铁线巷 十分金□
尺寸：通长 132 毫米 宽 17 毫米
厚 1 毫米
重量：37.32 克

045

陈二郎铁线巷一两金铤

戳记：陈二郎 铁线巷 十分金□
尺寸：通长 130 毫米 宽 17 毫米
厚 1 毫米
重量：36.94 克

046

陈二郎铁线巷一两金铤

戳记：陈二郎 铁线巷 十分金□

尺寸：通长 132 毫米 宽 17 毫米
厚 1 毫米

重量：37.13 克

047

陈二郎铁线巷一两金铤

戳记：陈二郎 铁线巷 十分金□

尺寸：通长 129 毫米 宽 17 毫米
厚 1 毫米

重量：37.08 克

048

陈二郎铁线巷一两金铤

戳记：陈二郎 铁线巷 十分金□

尺寸：通长 131 毫米 宽 18 毫米

厚 1 毫米

重量：37.04 克

049

陈二郎铁线巷一两金铤

戳记：陈二郎 铁线巷 十分金□

尺寸：通长 130 毫米 宽 17 毫米

厚 1 毫米

重量：37.17 克

050

陈二郎铁线巷一两金铤

戳记：陈二郎 铁线巷 十分金□
尺寸：通长 131 毫米 宽 17 毫米
厚 1 毫米
重量：36.78 克

051

陈二郎铁线巷一两金铤

戳记：陈二郎 铁线巷 十分金□
尺寸：通长 130 毫米 宽 17 毫米
厚 1 毫米
重量：37.09 克

052

陈二郎铁线巷一两金铤

截记：陈二郎 铁线巷 十分金□

尺寸：通长 128 毫米 宽 18 毫米
厚 1 毫米

重量：37.18 克

053

陈二郎铁线巷一两金铤

截记：陈二郎 铁线巷 十分金□

尺寸：通长 129 毫米 宽 17 毫米
厚 1 毫米

重量：37.31 克

054

陈二郎铁线巷一两金铤

戳记：陈二郎 铁线巷 十分金□
尺寸：通长 130 毫米 宽 16 毫米
厚 1 毫米
重量：37 克

055

刘顺造一两金铤

戳记：刘顺造
尺寸：通长 127 毫米 宽 18 毫米
厚 1 毫米
重量：37 克

056

刘顺造一两金铤

戳记：刘顺造

尺寸：通长 122 毫米 宽 17 毫米
厚 1 毫米

重量：37.26 克

057

刘顺造一两金铤

戳记：刘顺造

尺寸：通长 127 毫米 宽 18 毫米
厚 1 毫米

重量：37.15 克

058

刘顺造一两金铤

戳记：刘顺造

尺寸：通长 125 毫米 宽 17 毫米

厚 1 毫米

重量：37.36 克

059

刘顺造一两金铤

戳记：刘顺造

尺寸：通长 127 毫米 宽 17 毫米

厚 1 毫米

重量：37.27 克

060

刘顺造一两金铤

戳记：刘顺造

尺寸：通长 127 毫米　宽 17 毫米
厚 1 毫米

重量：37.27 克

061

刘顺造一两金铤

戳记：刘顺造

尺寸：通长 126 毫米　宽 18 毫米
厚 1 毫米

重量：37.21 克

062

刘顺造一两金铤

截记：刘顺造

尺寸：通长 126 毫米　宽 17 毫米

厚 1 毫米

重量：37.28 克

063

刘顺造一两金铤

截记：刘顺造

尺寸：通长 125 毫米　宽 17 毫米

厚 1 毫米

重量：37.32 克

064

十分金一两金铤

截记：十分金□

尺寸：通长 133 毫米 通宽 20 毫米
厚 1 毫米

重量：37.2 克

065

十分金一两金铤

截记：十分金□

尺寸：通长 135 毫米 宽 18 毫米
厚 1 毫米

重量：37.03 克

066

十分金一两金铤

戳记：十分金□

尺寸：通长 133 毫米 宽 17 毫米
厚 1 毫米

重量：36.96 克

067

十分金一两金铤

戳记：十分金□

尺寸：通长 131 毫米 宽 17 毫米
厚 1 毫米

重量：37 克

068

一两束腰金铤

尺寸：通长 145 毫米 首宽 22 毫米
腰宽 18 毫米 厚 1 毫米
重量：39.4 克

069

严念三郎一两束腰金铤

戳记：严念三郎
尺寸：通长 154 毫米 首宽 22 毫米
腰宽 19.4 毫米 厚 1 毫米
重量：38.5 克

金牌，是一种小型的黄金货币，重 4 克左右，是一两金铤重量的十分之一。铭文有"韩四郎""张二郎"等。杭州玉泉、长明寺巷曾有出土，另在安徽、江苏等地也有出土。其中以 1988 年杭州长明寺巷出土的九块金牌最为规整，其形制、尺寸、重量、成色均一致，长 20 毫米，宽 12 毫米，厚 1 毫米，成色 98%。

070

张二郎金牌

戳记：张二郎 十分金
尺寸：通长 22 毫米 宽 14 毫米
厚 1 毫米
重量：3.8 克
20 世纪 50 年代杭州玉泉出土

071

韩四郎金牌

戳记：韩四郎 十分金

尺寸：通长 21 毫米 宽 14 毫米

厚 1 毫米

重量：3.9 克

1988 年杭州长明寺巷出土

072

韩四郎金牌

戳记：韩四郎 十分金

尺寸：通长 20 毫米 宽 12 毫米

厚 1 毫米

重量：3.9 克

1988 年杭州长明寺巷出土

073

韩四郎金牌

戳记：韩四郎 十分金

尺寸：通长 21 毫米 宽 13 毫米

厚 1 毫米

重量：3.8 克

1988 年杭州长明寺巷出土

074

韩四郎金牌

戳记：韩四郎 十分金

尺寸：通长 20 毫米 宽 12 毫米

厚 1 毫米

重量：3.9 克

1988 年杭州长明寺巷出土

075

王七家十分金金牌

戳记：十分金 王七家

尺寸：通长 25 毫米 宽 7.5 毫米
厚 1 毫米

重量：4 克

076

界内张小二渗金金牌

戳记：界内张小二渗金

尺寸：通长 16 毫米 宽 9 毫米
厚 1.2 毫米

重量：4 克

077

界内张小二渗金金牌

戳记：界内张小二渗金

尺寸：通长 17 毫米 宽 9 毫米
厚 1.2 毫米

重量：4 克

078

界内张小二渗金金牌

戳记：界内张小二渗金

尺寸：通长 17.8 毫米 宽 9.1 毫米
厚 1.2 毫米

重量：4 克

079

界内张温义金牌

截记：界内张温义

尺寸：通长 16.5 毫米　宽 9.2 毫米

厚 1.1 毫米

重量：4 克

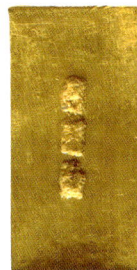

080

□□□金牌

截记：□□□

尺寸：通长 21.2 毫米　宽 11.1 毫米

厚 0.9 毫米

重量：4 克

081

李小六金牌

截记：李小六

尺寸：通长 17 毫米　宽 9 毫米

厚 1.2 毫米

重量：4 克

082

李小六金牌

截记：李小六

尺寸：通长 20.1 毫米　宽 10.5 毫米

厚 1.2 毫米

重量：3.9 克

083

□□□金牌

尺寸：通长 21 毫米　宽 11.5 毫米

厚 0.9 毫米

重量：4 克

084

界北头董家金牌

戳记：界北头董家

尺寸：通长 16 毫米　宽 8.8 毫米

厚 1.3 毫米

重量：4 克

085

界北头董家金牌

戳记：界北头董家

尺寸：通长 17 毫米　宽 9 毫米

厚 1.5 毫米

重量：4 克

086

棋院使金牌

戳记：棋院使

尺寸：通长 20.5 毫米　宽 11.8 毫米

厚 1 毫米

重量：4 克

北朱记出门税金牌

戳记：出门税　北朱记

尺寸：通长 15 毫米　宽 9 毫米

厚 1.4 毫米

重量：4 克

088

界内王三郎出门税金牌

戳记：出门税　界内王三郎　十分金

尺寸：通长 19 毫米　宽 9.5 毫米

厚 1 毫米

重量：4 克

089

界内王三郎出门税金牌

戳记：出门税　界内王三郎　十分金

尺寸：通长 18.5 毫米　宽 10 毫米

厚 1 毫米

重量：4 克

090

界内王三郎出门税金牌

戳记：出门税　界内王三郎　十分金

尺寸：通长 18 毫米　宽 9.5 毫米

厚 1.2 毫米

重量：4 克

091

界内王三郎出门税金牌

戳记：出门税　界内王三郎　十分金

尺寸：通长 18 毫米　宽 9.5 毫米

厚 1.2 毫米

重量 4 克

092

界内王三郎出门税金牌

戳记：出门税　界内王三郎　十分金

尺寸：通长 18 毫米　宽 10 毫米

厚 1 毫米

重量：4 克

093

王八郎十分金金牌

戳记：王八郎 十分金

尺寸：通长 16.5 毫米 宽 7.5 毫米

厚 1.3 毫米

重量：4 克

094

王家十分金金牌

戳记：王家 十分金

尺寸：通长 17.8 毫米 宽 10 毫米

厚 1.3 毫米

重量：4 克

095

孙张记十分金金牌

戳记：孙张记 十分金

尺寸：通长 19 毫米 宽 8.2 毫米

厚 1.2 毫米

重量：3.9 克

096

出门税金牌

戳记：出门税 □□□□

尺寸：通长 22 毫米 宽 10.5 毫米

厚 7 毫米

重量：3.8 克

金页系金箔制成，薄如纸，形状似书页，至今见到的有3个品种。比较典型的是折成十页的那一种，实测长95～100毫米，宽39～40毫米，重量在35～40克之间，取一样品测试，成色为97.018%。表面略显粗糙，成分复杂，分布有类似铁晶粉的小黑点。显示其年代久远，沉积了多种物质。这种金页的铭文戳打得很有规律，四角对称分别砸上地名，如铁线巷、霸头里角等，显示铸造该金页的金银铺所在的方位。中间砸有金银铺主或金银匠名，如韩四郎、陈二郎等。下面砸十分金，显示黄金的成色。有的还砸上金银铺固有的押记。

097

霸头里角韩四郎一两金页

戳记：霸头里角　韩四郎　十分金
尺寸：通长100毫米　宽40毫米
重量：40克

霸头　位于御街的中段市西坊一带，是最繁华的商业街区。霸头里角，位于该区域的贤福坊内。

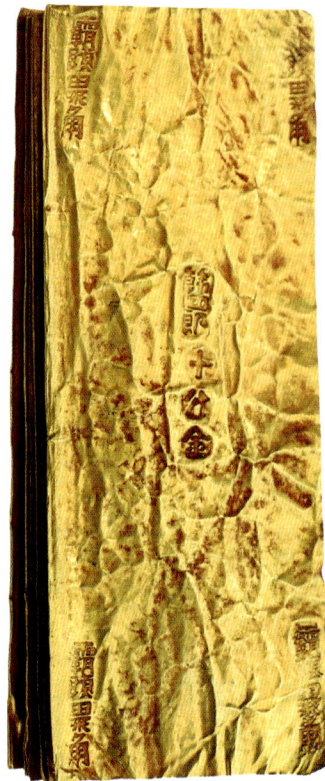

098~099

霸头里角韩四郎一两金页

戳记：霸头里角 韩四郎 十分金

尺寸：通长 96 毫米 宽 35 毫米

厚 3 毫米

重量：39 克

1997 年湖州三天门南宋墓出土

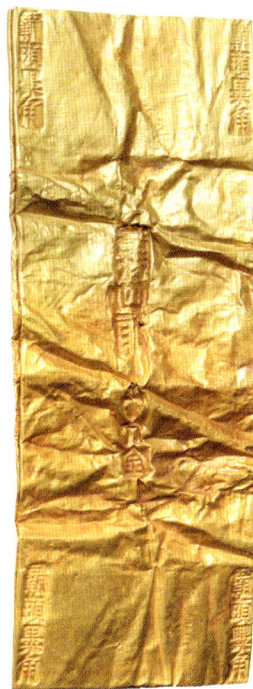

100

铁线巷陈二郎一两金页

戳记：陈二郎 铁线巷 十分金□
尺寸：通长 99 毫米 宽 37 毫米
重量：37.2 克

101

铁线巷陈二郎一两金页

戳记：陈二郎 铁线巷 十分金□
尺寸：通长 95 毫米 宽 39 毫米
重量：38.2 克

103

清河坊西阮六郎铺一两金页

戳记：清河坊西 阮六郎铺

尺寸：通长 100 毫米 宽 40 毫米

重量：36.8 克

102

清河坊西阮六郎铺一两金页

戳记：清河坊西 阮六郎铺

尺寸：通长 99 毫米 宽 40 毫米

重量：37 克

清河坊西　因南宋大将清河郡王张俊居此而得名。位于现在中山中路相接的河坊街西段及东太平巷一带，"清河坊"地名至今仍在沿用。

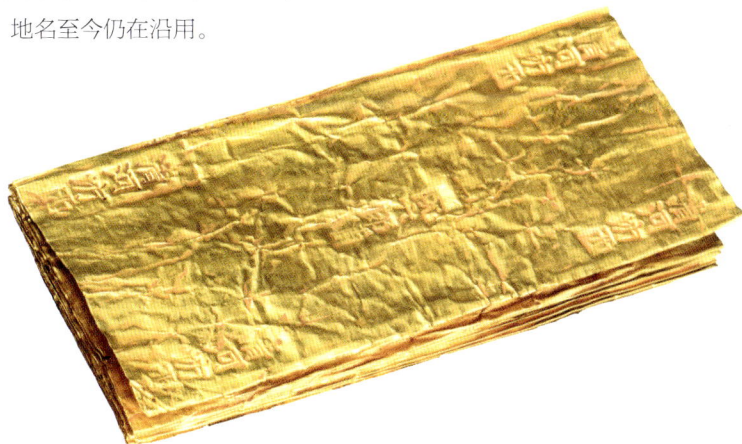

104

天水桥东周五郎铺一两金页

戳记：天水桥东 周五郎铺

尺寸：通长 100 毫米 宽 40 毫米

重量：37.4 克

天水桥 位于临安城北部，为市河上的一座桥。

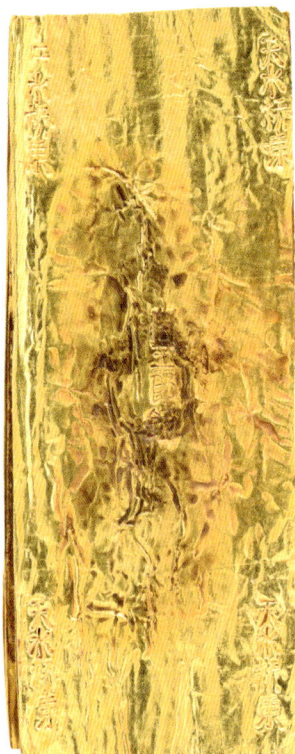

105

天水桥东周五郎铺一两金页

戳记：天水桥东 周五郎铺

尺寸：通长 97 毫米 宽 38 毫米

重量：36 克

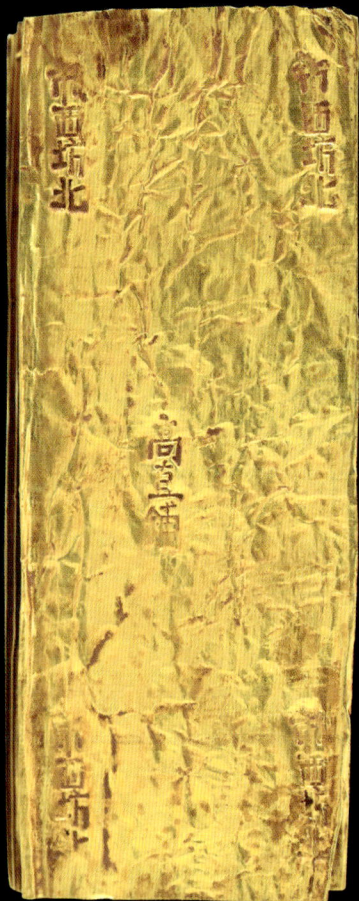

107

市西坊北高直铺一两金页

截记：市西坊北　高直铺

尺寸：通长 100 毫米　宽 40 毫米

重量：36.5 克

108

保佑坊南郭顺记一两金页

戳记：保佑坊南 郭顺记
尺寸：通长 100 毫米 宽 40 毫米
重量：37.3 克

保佑坊南 位于著名酒楼五间楼南部。《梦粱录》卷七记载："保佑坊曰保佑桥，五间楼巷东曰亨桥。"

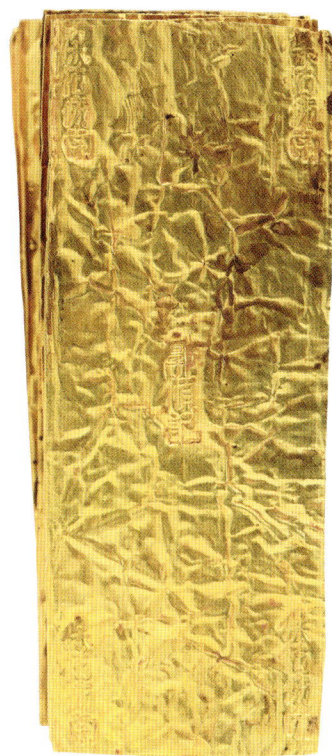

109

保佑坊南郭顺记一两金页

戳记：保佑坊南 郭顺记
尺寸：通长 100 毫米 宽 40 毫米
重量：36.3 克

官巷前街许三郎铺一两金页

铭文：官巷前街 许三郎铺

尺寸：通长 100 毫米 宽 39 毫米

重量：38 克

　　官巷前街　位于临安御街南段寿安坊。《都城纪胜·铺席》载："寿安坊，俗名官巷。"又："自五间楼北，至官巷御南街，两行多是上户金银钞引交易铺，仅百余家。"

霸南街东王助教□一两金页

戳记：霸南街东　王助教□

尺寸：通长 98 毫米　宽 33 毫米

厚 4 毫米

重量：39.11 克

2014 年南海一号出水

霸南街东　从方位上看，霸南街东在市南坊东面的贤福坊，著名酒楼——五间楼附近。

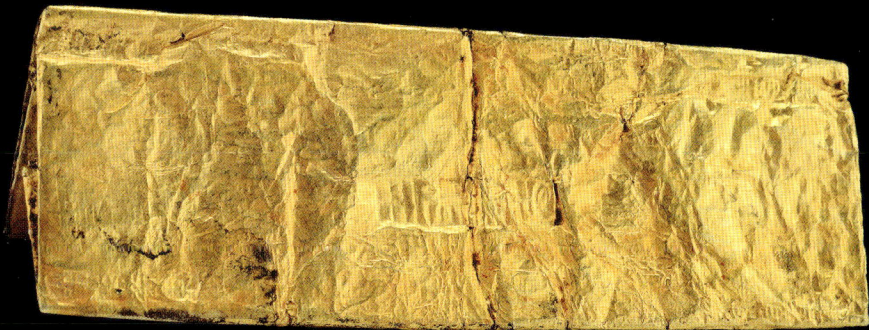

第二部分

白银货币

南宋银铤的形状都是束腰形，重量有五十
两、二十五两、十二两半、六两等，甚至更小。
实测五十两重 1800 ～ 2000 克，二十五两为
900 ～ 960 克，十二两半为 400 ～ 500 克，六两
为 200 ～ 220 克。其铭文却大有差别，可以分为
三类：1. 用刀錾刻的，文字内容较长；2. 在加
盖戳记的银铤上钤刻用项的铭文；3. 戳记，文字
较短，通常有表示银铤性质的"京销铤银"等，表
示金银铺金银匠名的"周王铺"等，有表示金银铺
位于地的"霸北街西"等，有表示成色的"真花银"
等，有表示重量的"重二十五两"等。

一、京销铤银

京销铤银是南宋银铤中最为常见的戳记铭文，意思是京城金银交引铺销铸的铤状白银。胡三省《通鉴释文辨误》中记载："今人治银，大铤五十两，中铤半之，小铤又半之，世谓之铤银。"此外，还有京销渗银、京销细渗、京销正渗等。渗银、细渗、正渗都是指白银的成色。

112

京销铤银十二两半银铤

戳记：京销铤银

尺寸：通长 88 毫米　首宽 60 毫米

腰宽 41 毫米　厚 13 毫米

重量：495 克

113

京销铤银十二两半银铤

戳记：京销铤银

尺寸：通长 88 毫米 首宽 63 毫米
腰宽 42 毫米 厚 12 毫米

重量：496 克

114

京销铤银十二两半银铤

戳记：京销铤银

尺寸：通长 88 毫米 首宽 63 毫米
腰宽 42 毫米 厚 12 毫米

重量：496 克

115

京销铤银十二两半银铤

戳记：京销铤银

尺寸：通长 91 毫米　首宽 66 毫米

腰宽 42 毫米　厚 13 毫米

重量：498 克

116

京销铤银十二两半银铤

戳记：京销铤银

尺寸：通长 91 毫米　首宽 62 毫米

腰宽 41 毫米　厚 13 毫米

重量：476 克

117

京销铤银十二两半银铤

戳记：京销铤银

尺寸：通长 91 毫米 首宽 63 毫米

腰宽 42 毫米 厚 14 毫米

重量：499 克

118

京销铤银十二两半银铤

戳记：京销铤银

尺寸：通长 91 毫米 首宽 64 毫米

腰宽 42 毫米 厚 13 毫米

重量：499 克

119

京销铤银十二两半银铤

戳记：京销铤银
尺寸：通长 91 毫米 首宽 64 毫米
腰宽 42 毫米 厚 14 毫米
重量：501 克

120

京销铤银十二两半银铤

戳记：京销铤银
尺寸：通长 91 毫米 首宽 64 毫米
腰宽 42 毫米 厚 13 毫米
重量：494 克

121

京销铤银十二两半银铤

戳记：京销铤银

尺寸：通长 88 毫米　首宽 62 毫米

腰宽 41 毫米　厚 13 毫米

重量：495 克

122

京销铤银十二两半银铤

戳记：京销铤银

尺寸：通长 92 毫米　首宽 62 毫米

腰宽 42 毫米　厚 12 毫米

重量：472 克

123

京销铤银十二两半银铤

戳记：京销铤银

尺寸：通长 91 毫米　首宽 61 毫米

腰宽 41 毫米　厚 12 毫米

重量：494 克

124

京销铤银十二两半银铤

戳记：京销铤银

尺寸：通长 91 毫米　首宽 61 毫米

腰宽 41 毫米　厚 12 毫米

重量：477 克

125

京销铤银十二两半银铤

戳记：京销铤银

尺寸：通长 92 毫米 首宽 63 毫米

腰宽 41 毫米 厚 13 毫米

重量：497 克

126

京销铤银十二两半银铤

戳记：京销铤银

尺寸：通长 91 毫米 首宽 63 毫米

腰宽 41 毫米 厚 13 毫米

重量：498 克

127

京销铤银十二两半银铤

戳记：京销铤银

尺寸：通长 90 毫米　首宽 63 毫米

腰宽 41 毫米　厚 14 毫米

重量：498 克

128

京销铤银十二两半银铤

戳记：京销铤银

尺寸：通长 90 毫米　首宽 64 毫米

腰宽 41 毫米　厚 12 毫米

重量：495 克

129

京销铤银十二两半银铤

戳记：京销铤银

尺寸：通长 90 毫米 首宽 63 毫米

腰宽 41 毫米 厚 13 毫米

重量：495 克

130

京销铤银十二两半银铤

戳记：京销铤银

尺寸：通长 90 毫米 首宽 64 毫米

腰宽 41 毫米 厚 14 毫米

重量：503 克

131

京销铤银十二两半银铤

戳记：京销铤银

尺寸：通长 86 毫米　首宽 61 毫米

腰宽 40 毫米　厚 14 毫米

重量：495 克

132

京销铤银荣一郎十二两半银铤

戳记：京销铤银　荣一郎

尺寸：通长 86 毫米　首宽 58 毫米

宽 40 毫米　厚 13 毫米

重量：440.18 克

133

**京销铤银赵宅渗银
十二两半银铤**

戳记：京销铤银 赵宅渗银 重壹拾贰两半
尺寸：通长 91 毫米 首宽 58 毫米
宽 40 毫米 厚 13 毫米
重量：466.98 克

134

京销铤银十两银铤

戳记：京销铤银
尺寸：通长 71 毫米 首宽 50 毫米
宽 30 毫米 厚 14 毫米
重量：302.30 克

136

京销铤银苏宅韩五郎
十二两半银铤

戳记：京销铤银 苏宅韩五郎

尺寸：通长 88 毫米 首宽 61 毫米

腰宽 42 毫米 厚 14 毫米

重量：459.8 克

135

京销铤银十二两半银铤

戳记：京销铤银

尺寸：通长 91 毫米 首宽 61 毫米

腰宽 40 毫米 厚 12 毫米

重量：498 克

137

**京销铤银真渗铤银
十二两半银铤**

截记：京销铤银 真渗铤银 曾平记

尺寸：首宽 58 毫米 宽 40 毫米

厚 14 毫米

重量：460 克

138

京销铤银十二两半银铤

截记：京销铤银

刻字：何青京销 谢德明验

尺寸：通长 89 毫米 首宽 57 毫米

宽 36 毫米 厚 1 毫米

重量：419 克

139

**京销铤银市西陈铺
十二两半银铤**

截记：京销铤银 市西陈铺

尺寸：通长 88 毫米 首宽 61 毫米

腰宽 41 毫米 厚 13 毫米

重量：468.5 克

140

京销花银祝六郎十二两半银铤

截记：京销花银 祝六郎

尺寸：通长 87 毫米 首宽 58 毫米

腰宽 38 毫米 厚 10 毫米

重量：436 克

 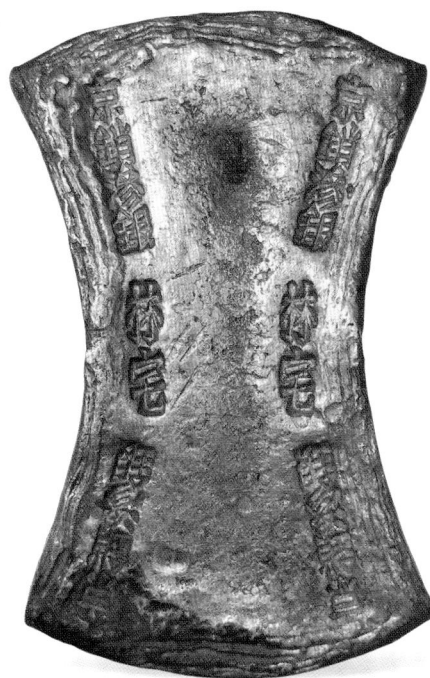

141

京销正渗林铺铤银
十二两银铤

戳记：京销正渗 林铺铤银 重拾贰两

刻字：曾用京销 谢德明验

尺寸：通长 86 毫米 首宽 58 毫米

腰宽 40 毫米 厚 11 毫米

重量：435 克

142

京销渗银林宅十二两半
银铤

戳记：京销渗银 林宅

尺寸：通长 89 毫米 首宽 57 毫米

腰宽 38 毫米 厚 11 毫米

重量：448 克

143

京销银二十五两银铤

戳记：京销银 重贰拾伍两 陈葫芦印

尺寸：通长 112 毫米 首宽 74 毫米

腰宽 50 毫米 厚 16 毫米

重量：938 克

144

京销铤银刘五郎铺
二十五两银铤

戳记：京销铤银 刘五郎铺 重贰拾伍两

尺寸：通长 112 毫米 首宽 76 毫米

腰宽 50 毫米 厚 15 毫米

重量：939 克

145

京销铤银刘五郎铺
二十五两银铤

戳记：京销铤银 刘五郎铺 重贰拾伍两
尺寸：通长 114 毫米 首宽 77 毫米
腰宽 51 毫米 厚 18 毫米
重量：929.3 克

146

京销铤银刘五郎铺
二十五两银铤

戳记：京销铤银 刘五郎铺 重贰拾伍两
尺寸：通长 112 毫米 首宽 74 毫米
腰宽 50 毫米 厚 17 毫米
重量：937.47 克

147

京销铤银刘三郎铺
二十五两银铤

戳记：京销铤银 刘三郎铺 重贰拾伍两
尺寸：通长 108 毫米 首宽 75 毫米
腰宽 46 毫米 厚 15 毫米
重量：928.93 克

149

京销铤银刘三郎铺
二十五两银铤

戳记：京销铤银 刘三郎铺 重贰拾伍两
尺寸：通长 108 毫米 首宽 75 毫米
腰宽 49 毫米 厚 17 毫米
重量：930.13 克

148

京销铤银刘三郎铺
二十五两银锭

戳记：京销铤银 刘三郎铺 重贰拾伍两
尺寸：通长 109 毫米 首宽 72 毫米
腰宽 45 毫米 厚 15 毫米
重量：923.44 克

150

京销铤银雍念三郎
二十五两银铤

戳记：京销铤银 雍念三郎

尺寸：通长 108 毫米 首宽 69 毫米

腰宽 47 毫米 厚 14 毫米

重量：869.95 克

151

京销铤银雍念三郎
二十五两银铤

戳记：京销铤银 雍念三郎

通长：通长 111 毫米 首宽 69 毫米

腰宽 48 毫米 厚 15 毫米

重量：940.61 克

152

京销铤银苏宅韩五郎
二十五两银铤

戳记：京销铤银　苏宅韩五郎

尺寸：通长 111 毫米　首宽 71 毫米

腰宽 48 毫米　厚 15 毫米

重量：881.6 克

153

京销铤银苏宅韩五郎
二十五两银铤

戳记：京销铤银　苏宅韩五郎

尺寸：通长 111 毫米　首宽 73 毫米

腰宽 49 毫米　厚 15 毫米

重量：877.82 克

154

京销铤银苏宅韩五郎
二十五两银铤

戳记：京销铤银 苏宅韩五郎
通长：通长 111 毫米 首宽 71 毫米
腰宽 48 毫米 厚 14 毫米
重量：881.03 克

155

京销铤银赵宅
二十五两银铤

戳记：京销铤银 赵宅
通长：通长 109 毫米 首宽 69 毫米
腰宽 46 毫米 厚 16 毫米
重量：926.08 克

156

京销铤银陈二郎
二十五两银铤

戳记：京销铤银 陈二郎 重贰拾伍两

通长：通长 111 毫米 首宽 71 毫米

腰宽 45 毫米 厚 15 毫米

重量：930.41 克

157

京销铤银郑铺
十二两半银铤

戳记：京销铤银 郑铺 重壹拾贰两半
黄俊验□

刻字：潮通□

尺寸：通长 86 毫米 首宽 57 毫米
腰宽 42 毫米 厚 13 毫米

重量：435.03 克

158

细渗铤银三山郑五郎
二十五两银铤

戳记：细渗铤银 三山郑五郎□
重贰拾伍两

尺寸：通长 107 毫米 首宽 62 毫米
腰宽 51 毫米 厚 14 毫米

重量：814 克

南宋金银货币中，特别是临安金银交引铺铸造的金银铤上大多都砸有戳记。内容主要有"京销铤银"或"京销银"、重量、金银铺名、金银铺主人或金银匠名，与之相伴的还有临安的街巷名、桥梁名和街区方位名的戳记，显示该金银铺位于该地，即金银交引铺的所在地。现已经发现有霸北街西、霸北街东、霸南街西、霸南街东、霸东街南、霸西、市西、铁线巷、柴木巷、水巷里角、猫儿桥东、跨浦桥北、朝天门里、清河坊北、都税务前、霸头里角、街东桥西、街东面西、荐桥北街东、桥南街西等地名。

159

京销铤银猫儿桥东
二十五两银铤

戳记：猫儿桥东 京销铤银 吴二郎
京销 贾寔 沈执中 邢文彬
尺寸：通长 120 毫米 首宽 81 毫米
腰宽 53 毫米 厚 17 毫米
重量：950 克

猫儿桥东 又叫平津桥，是京城临安市河上面的一座桥。桥名沿用至今。银铤四角砸"猫儿桥东"戳记，意思是铸造该银铤的金银交引铺位于猫儿桥的东面。

160

柴木巷丁三郎十二两半银铤

戳记：柴木巷 丁三郎 范宅口 重拾贰两半

尺寸：通长 93 毫米 首宽 62 毫米

腰宽 38 毫米 厚 11 毫米

重量：469 克

柴木巷　南宋时京城临安的街巷名，位于洋坝头河坊街附近，沿用至今。

161

柴木巷丁三郎二十五两银铤

戳记：柴木巷 住柴木巷 丁三郎 贰拾伍两

尺寸：通长 121 毫米 首宽 77 毫米

腰宽 52 毫米 厚 16 毫米

重量：962 克

162

霸南街西张宅梁一郎
二十五两银铤

戳记：霸南街西 张宅梁一郎□ 重贰拾伍两

刻字：谭信

尺寸：通长 111 毫米 首宽 81 毫米

腰宽 50 毫米 厚 16 毫米

重量：931.8 克

　　霸南街西 即市南坊。宋室南迁以前，杭州有一个"市"，是州城的贸易市场，在平津桥西巷一带。该坊在市的南边，故名。传说苏轼在杭州当知州时，在此设病坊（医院）。南宋时又在此设惠民北局，专售医药。

163

霸南街西张宅梁一郎
二十五两银铤

戳记：霸南街西 张宅梁一郎□

重贰拾伍两 吴震验讫

尺寸：通长 115 毫米 首宽 82 毫米

腰宽 51 毫米 厚 15 毫米

重量：938 克

164

**霸南街西京销铤银
十二两半银铤**

戳记：霸南街西 京销铤银 相五郎□

尺寸：通长 91 毫米 首宽 63 毫米

腰宽 40 毫米 厚 13 毫米

重量：460.1 克

165

**霸南街东范二郎
二十五两银铤**

戳记：霸南街东 范二郎 重贰拾伍两

尺寸：通长 110 毫米 首宽 76 毫米

腰宽 49.5 毫米 厚 17 毫米

重量：934 克

霸南街东　从方位上看，在市南坊东面的贤福坊。著名酒楼五间楼就在附近。

166

霸东街南姚七郎
二十五两银铤

截记：霸东街南 姚七郎□ 重贰拾伍两
尺寸：通长 110 毫米 首宽 77 毫米
腰宽 49 毫米 厚 17 毫米
重量：930 克

霸东街南 位于贤福坊内，在御街东，和市西坊相对，俗称坝东巷。因坊前有猫儿桥（平津桥），又称猫儿桥巷。

167

霸东街南姚七郎
二十五两银铤

截记：霸东街南 姚七郎□ 重贰拾伍两
尺寸：通长 109 毫米 首宽 75 毫米
腰宽 49 毫米 厚 17 毫米
重量：944 克

168	**169**
霸东街南姚七郎 **二十五两银铤**	**霸东街南姚七郎** **二十五两银铤**
戳记：霸东街南 姚七郎口 重贰拾伍两	戳记：霸东街南 姚七郎口 重贰拾伍两
尺寸：通长 109 毫米 首宽 78 毫米	尺寸：通长 109 毫米 首宽 75 毫米
腰宽 49 毫米 厚 18 毫米	腰宽 50 毫米 厚 17 毫米
重量：930.7 克	重量：936.7 克

170

霸东街南姚七郎
二十五两银铤

戳记：霸东街南 姚七郎□ 重贰拾伍两

通长：通长 108 毫米 首宽 74 毫米

腰宽 47 毫米 厚 18 毫米

重量：933.06 克

171

霸东街南姚七郎
二十五两银铤

戳记：霸东街南 姚七郎□ 重贰拾伍两

尺寸：通长 108 毫米 首宽 72 毫米

腰宽 50 毫米 厚 16 毫米

重量：935.91 克

172

霸东街南姚七郎
二十五两银铤

戳记：霸东街南 姚七郎□ 重贰拾伍两

尺寸：通长 108 毫米 首宽 75 毫米

腰宽 49 毫米 厚 17 毫米

重量：934.07 克

173

霸东街南姚七郎
二十五两银铤

戳记：霸东街南 姚七郎□ 重贰拾伍两

尺寸：通长 108 毫米 首宽 73 毫米

腰宽 48 毫米 厚 16 毫米

重量：934.18 克

174

**霸东街南姚七郎
二十五两银铤**

戳记：霸东街南 姚七郎口 重贰拾伍两

尺寸：通长 110 毫米 首宽 73 毫米

腰宽 49 毫米 厚 16 毫米

重量：932.22 克

175

霸北街西京销铤银
二十五两银铤

戳记：霸北街西 京销铤银 韩宅
尺寸：通长 110 毫米 首宽 70 毫米
腰宽 46 毫米 厚 16 毫米
重量：919.03 克

霸北街西 意思是霸头的北面，御街的西面。大致方位是在修义坊内。修义坊在市西坊北，西通将军桥，俗称菱椒巷，是南宋临安府肉市所在地，有肉市巷之名。

**霸北街西张宅梁一郎
二十五两银铤**

戳记：霸北街西 张宅梁一郎
重贰拾伍两 吴震验讫
刻字：谭信
尺寸：通长 114 毫米 首宽 75 毫米
腰宽 50 毫米 厚 16 毫米
重量：947.68 克

177

霸北街西韩宅
二十五两银铤

截记：霸北街西 京销铤银 韩宅

尺寸：通长 110 毫米 首宽 70 毫米

腰宽 46 毫米 厚 15 毫米

重量：926.75 克

178

霸北街西苏宅韩五郎
二十五两银铤

截记：霸北街西 苏宅韩五郎 重贰拾伍两

尺寸：通长 109 毫米 首宽 72 毫米

腰宽 48 毫米 厚 16.5 毫米

重量：921 克

179

霸北街西相五郎十二两半银铤

戳记：霸北街西 相五郎□
重拾贰两半 黄俊验

尺寸：通长 90 毫米 首宽 65 毫米
腰宽 40 毫米 厚 13 毫米

重量：464 克

180

霸北街西韩五郎十二两半银铤

戳记：霸北街西 韩五郎 重拾贰两半

尺寸：通长 86 毫米 首宽 60 毫米
腰宽 40 毫米 厚 12 毫米

重量：437 克

181

霸北街西苏宅韩五郎
十二两半银铤

戳记：霸北街西 苏宅韩五郎
重拾贰两半 横浦黄五郎
尺寸：通长 90 毫米 首宽 60 毫米
腰宽 40 毫米 厚 12 毫米
重量：443 克

182

霸北街西赵孙宅十二两半银铤

戳记：霸北街西 赵孙宅
尺寸：通长 89 毫米 首宽 57 毫米
腰宽 38 毫米 厚 13 毫米
重量：454 克

183

霸北街东赵孙宅
十二两半银铤

戳记：霸北街东 赵孙宅 重拾贰两半

尺寸：通长 92 毫米 首宽 65 毫米

腰宽 42 毫米 厚 11 毫米

重量：466.6 克

霸北街东 霸头的北面，御街的东面。其方位大致在御街东面的贤福坊和兰陵坊之间。贤福坊，位于御街东，和市西坊相对，俗称坝东巷。兰陵坊，位于御街东，贤福坊北，宋时称水巷。坊前有一桥，名水巷桥，桥畔商店云集。

184

霸北街东二十五两银铤

戳记：霸北街东 重贰拾伍两

尺寸：通长 114 毫米 首宽 85 毫米

腰宽 50 毫米 厚 18 毫米

重量：934.4 克

185

霸北街东虢国十二两半银铤

戳记：霸北街东　虢国□　重拾贰两半

吴震验讫

刻字：广州经制银

尺寸：通长 85 毫米　首宽 58 毫米

腰宽 40 毫米　厚 11 毫米

重量：452.89 克

霸西面南京销细渗
二十五两银铤

戳记：霸西面南 京销细渗 陈康铺□
吴震验讫

尺寸：通长 114 毫米 首宽 73 毫米

腰宽 46 毫米 厚 17.5 毫米

重量：926 克

霸西 即市西坊，又称坝西巷，因在旧市之西，故名。西河流经坊西，有桥三座，又称三桥街。这里是临安店铺最密集的闹市区，名店林立，也是临安著名游乐场大瓦的所在地。

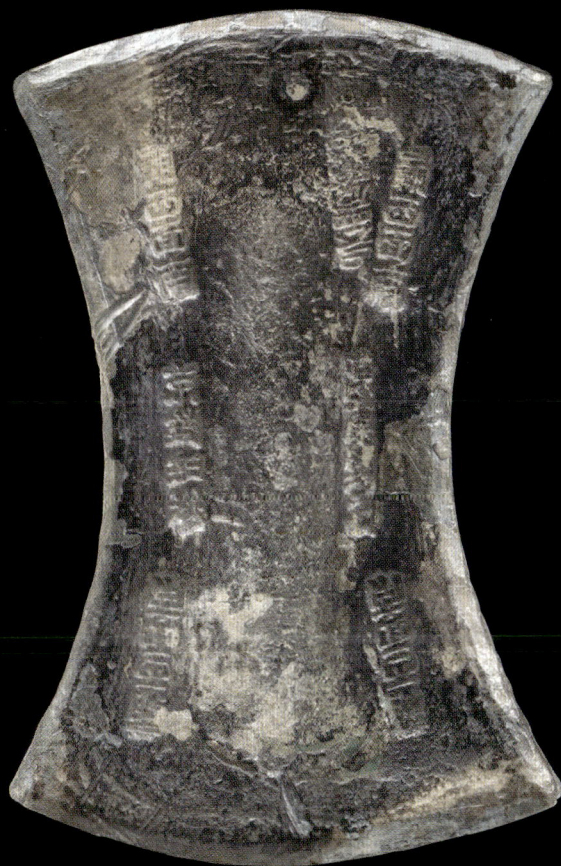

187
京销铤银市西陈铺
二十五两银铤

戳记：京销铤银 市西陈铺
尺寸：通长 112 毫米 首宽 78 毫米
腰宽 50 毫米 厚 19 毫米
重量：918.4 克

188

京销铤银霸西王二郎
二十五两银铤

戳记：京销铤银 霸西王二郎 贰拾伍两

刻字：谭信

尺寸：通长 115 毫米 首宽 80 毫米

腰宽 53 毫米 厚 14 毫米

重量：900.2 克

189

京销铤银霸西王二郎
十二两半银铤

戳记：京销铤银 霸西王二郎 拾贰两半

刻字：吴口京销 谢德明验

尺寸：通长 89 毫米 首宽 59 毫米

腰宽 40 毫米 厚 11 毫米

重量：417.84 克

190

京销铤银霸西王二郎
二十五两银铤

戳记：京销铤银 霸西王二郎 贰拾伍两

刻字：康安银

尺寸：通长 115 毫米 首宽 76 毫米

腰宽 51 毫米 厚 15 毫米

重量：899.25 克

191

霸西王宅十二两半银铤

戳记：霸西王宅 双菱形（方胜纹）

尺寸：通长 86 毫米 首宽 54 毫米

腰宽 34 毫米 厚 16 毫米

重量：456 克

霸头里角广州经制库银
十二两半银铤

戳记：霸头里角 赵孙宅 重拾贰两半
刻字：广州经制库银
尺寸：通长 87.7 毫米 首宽 56.4 毫米
腰宽 41.5 毫米 厚 12 毫米
重量：463 克

霸头 又称坝头，因远古时此处是江海坝头而得名。霸头位于御街的中段市西坊一带，是京城临安最繁华的商业街区。

193

跨浦桥北张百一郎
十二两银铤

戳记：跨浦桥北　张百一郎　壹拾贰两

尺寸：通长 89 毫米　首宽 58 毫米

腰宽 40 毫米　厚 12 毫米

重量：462 克

跨浦桥北　位于京城临安城东保安
门附近。

194

京销铤银霸北梁宅
二十五两银铤

戳记：京销铤银　霸北梁宅　重贰拾伍两

尺寸：通长 115 毫米　首宽 82 毫米

腰宽 51 毫米　厚 15 毫米

重量：938 克

霸北　位于御街中段的市西坊一
带，今洋坝头附近。

街东桥西苏宅韩五郎
十二两半银铤

戳记：街东桥西 苏宅韩五郎 重拾贰两半
刻字：肇庆府银押银人李史监官
尺寸：通长 86 毫米 首宽 60 毫米
腰宽 40 毫米 厚 12 毫米
重量：436.7 克

街东桥西 意思是御街东面，平津桥的西面。这里也是当时临安最繁华的商业区和金银交引铺最集中的地方。

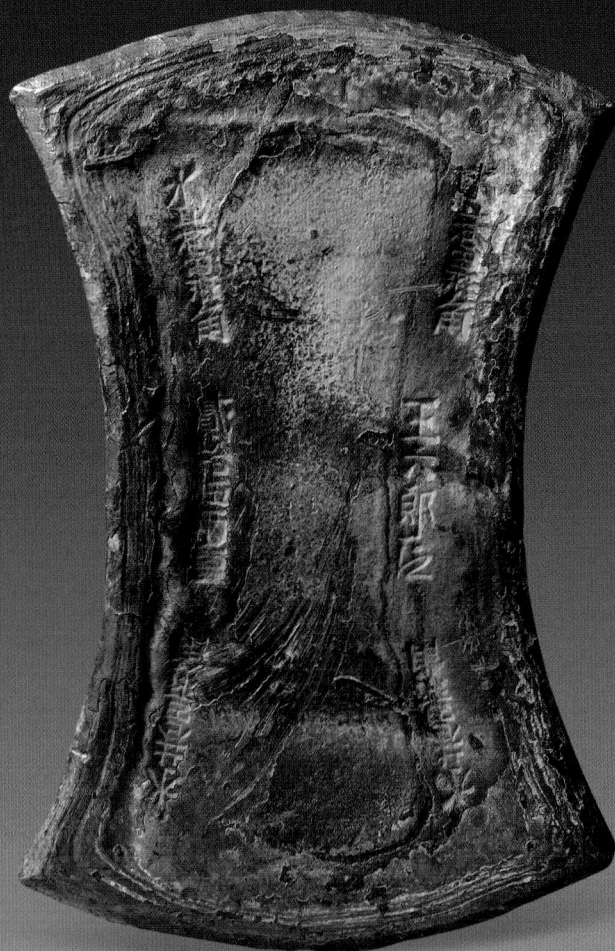

196

水巷里角王六郎二十五两银铤

戳记：水巷里角　王六郎囗　贰拾伍两重

尺寸：通长 126 毫米　首宽 77 毫米

腰宽 53 毫米　厚 15 毫米

重量：950 克

水巷　位于兰陵坊，御街东面。坊前有一桥，名曰水巷桥。桥畔商店云集。

197

水巷里角王六郎二十五两银铤

截记：水巷里角　王六郎□　贰拾伍两重

尺寸：通长 116 毫米　首宽 80 毫米

腰宽 54 毫米　厚 15 毫米

重量：934.2 克

198

铁线巷陈二郎二十五两银铤

戳记：铁线巷 陈二郎 重贰拾伍两

尺寸：通长 111 毫米 首宽 74 毫米

腰宽 47 毫米 厚 17 毫米

重量：930.3 克

铁线巷 位于修文坊内，在官巷北。南宋时中央政府曾一度在此设立管理土木建筑的机构——将作监，故又名监巷。

199

铁线巷陈二郎二十五两银铤

戳记：铁线巷 陈二郎 重贰拾伍两

尺寸：通长 110 毫米 首宽 74 毫米

腰宽 47 毫米 厚 17 毫米

重量：935 克

200

铁线巷陈二郎二十五两银锭

戳记：铁线巷 陈二郎 重贰拾伍两

尺寸：通长 112 毫米 首宽 78 毫米

腰宽 49 毫米 厚 17 毫米

重量：929.2 克

201

铁线巷陈二郎二十五两银锭

截记：铁线巷 陈二郎 重贰拾伍两

通长：通长 111 毫米 首宽 74 毫米

腰宽 46 毫米 厚 16 毫米

重量：929.34 克

202

铁线巷陈二郎二十五两银锭

截记：铁线巷 陈二郎 重贰拾伍两

尺寸：通长 110 毫米 首宽 73 毫米

腰宽 47 毫米 厚 16 毫米

重量：923.62 克

203

铁线巷陈二郎二十五两银锭

戳记：铁线巷 陈二郎 重贰拾伍两

尺寸：通长 110 毫米 首宽 73 毫米

腰宽 47 毫米 厚 15 毫米

重量：926.4 克

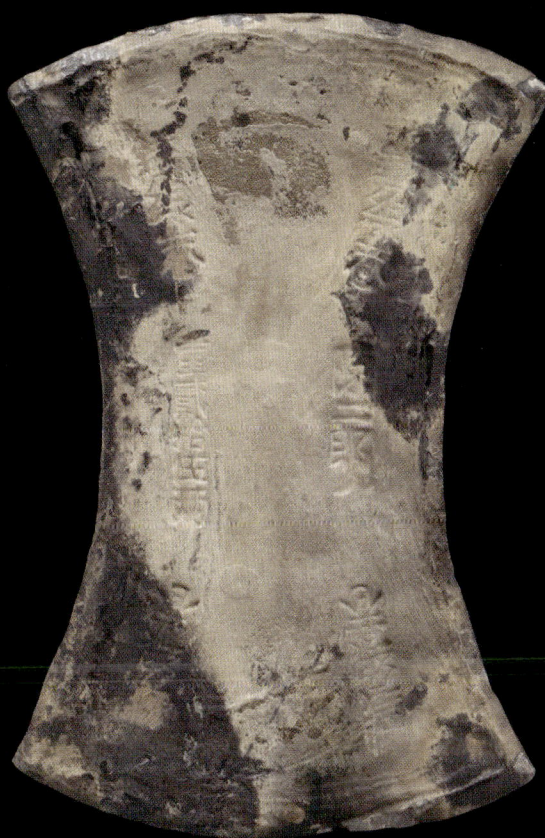

**京销铤银铁线桥巷
二十五两银铤**

戳记：铁线桥巷 康二郎□ 京销铤银

刻字：潮州司户林

尺寸：通长 109 毫米 首宽 73 毫米

腰宽 49 毫米 厚 17 毫米

重量：917.27 克

205

京销铤银清河坊北
十二两半银铤

戳记：京销铤银 清河坊北 张三郎

尺寸：通长 86 毫米 首宽 64 毫米
厚 13 毫米

重量：440 克

1994 年湖北黄石陈伯臻粮库窖藏出土

清河坊北　南宋大将清河郡王张俊
居此而得名，相当于现在的中山中路相
接的河坊街西段及东太平巷一带。"清
河坊"地名沿用至今。

206

京销铤银朝天门里
二十五两银铤

戳记：京销铤银 朝天门里 董六郎

尺寸：通长 110 毫米 首宽 73 毫米
厚 20 毫米

重量：962 克

1994 年湖北黄石陈伯臻粮库窖藏出土

朝天门里　即长庆坊，现在的十五
奎巷。

207

霸北街西黄二郎
十二两半银铤

戳记：霸北街西 黄二郎
清河坊北 张三郎

尺寸：通长 90 毫米 通宽 60 毫米
厚 12 毫米

重量：443 克

1994 年湖北黄石陈伯臻粮库窖藏出土

208

京销渗银清河坊北
十二两半银铤

戳记：京销渗银 清河坊北 张三郎

尺寸：通长 87 毫米 通宽 64 毫米
厚 13 毫米

重量：436 克

1994 年湖北黄石陈伯臻粮库窖藏出土

209

霸南街东杭四二郎
二十五两银铤

戳记：霸南街东　杭四二郎　重贰拾伍两

尺寸：通长 115 毫米　首宽 76 毫米

腰宽 53 毫米　厚 17 毫米

重量：967.8 克

2014 年南海一号出水

京城之外金银铺铸造的银铤

在南宋银铤上还发现有温州的康乐坊、简松坊，嘉兴的广平桥，南京的镇淮桥北、建康御街，江苏镇江，安徽光州，湖北襄阳、广东城南、广西梧州等地名。这说明在京城以外也开设了金银铺。

210

镇江张宅记二十五两银铤

戳记：镇江张宅记

尺寸：通长 116 毫米 首宽 80 毫米
腰宽 45 毫米 厚 18 毫米

重量：952 克

211

光州莫百四郎二十五两银铤

截记：光州莫百四郎

尺寸：通长 111 毫米　首宽 72 毫米

腰宽 44 毫米　厚 22 毫米

重量：967.2 克

212

西京王家银十二两半银铤

截记：西京王家银

尺寸：通长 90 毫米　首宽 72 毫米

腰宽 35 毫米　厚 15 毫米

重量：471 克

213

镇淮桥北京销铤银
十二两半银铤

戳记：镇淮桥北 京销铤银 御街朱铺
尺寸：长 90 毫米 首宽 61 毫米
腰宽 40 毫米 厚 13 毫米
重量：476 克

214

长街广平桥十两银铤

戳记：长街广平桥 南银铺刘宅 壬
尺寸：通长 84 毫米 首宽 51 毫米
腰宽 33 毫米 厚 17 毫米
重量：384.2 克

215

牛皮巷何二郎十二两半银铤

戳记：牛皮巷□ 何二郎 重壹拾贰两半
刻字：封州刘琚
尺寸：通长 84 毫米 首宽 55 毫米
腰宽 40 毫米 厚 11 毫米
重量：433 克

牛皮巷 广西梧州的街巷。封州，
隶属封川，临近梧州。

216

襄阳韩宅记十二两半银铤

戳记：襄阳 韩宅记

尺寸：通长 89 毫米 首宽 54 毫米

腰宽 31 毫米 厚 12 毫米

重量：471.9 克

217

广东城南木念九郎
二十五两银铤

戳记：广东城南 木念九郎 重贰拾伍两

刻字：何口银 谢德明验

尺寸：通长 111 毫米 首宽 78 毫米

腰宽 53 毫米 厚 16 毫米

重量：879.7 克

三、白银与国家财政

南宋银铤的铭文中出现了不少"上供银""纲银""纲米""广东运司""淮西银""天基圣节银""广东钞库""市舶司""马司银""经总制银""宽剩银""免丁银""课利银""出门税""河渡银""军资库银""公用银"等特殊字样,其中"上供银""纲银""纲米""广东运司""淮西银""天基圣节银"属于上供制度的范畴;"市舶司""广东钞库""马司银"属于专卖制度、海外贸易的范畴;"经总制银""宽剩银""免丁银""课利银""出门税""河渡银"属于税收制度的范畴;"军资库银""公用银"属于国家与地方财政支出的范畴。这些铭文集中反映了国家财政制度。

上供银

上供银是向朝廷输送的白银。这些白银来源于坑冶、专卖收入、各种实物及税收折银。同时,各州为了完成上供白银的数量还向金银铺买银,由押银人纳银。

218

霸西街南循州上贡银十二两半银铤

戳记:霸西街南 京销铤银
刻字:循州上贡银
尺寸:通长 87 毫米 首宽 59 毫米
腰宽 39 毫米 厚 12 毫米
重量:422.9 克

219

康乐坊西循州上供银
二十五两银铤

戳记：康乐坊西 孙宅渗银 重贰拾伍两
刻字：循州上供银
尺寸：通长 115 毫米 首宽 75 毫米
腰宽 47 毫米 厚 13 毫米
重量：937 克

220

京销银广州上供银
十二两半银铤

戳记：京销银 赵孙宅

刻字：广州上供银

尺寸：通长 90 毫米 首宽 60 毫米

腰宽 40 毫米 厚 12 毫米

重量：433.1 克

221

京销铤银广州上供银
十二两半银铤

戳记：京销铤银 韩宅

刻字：广州上供银

尺寸：通长 88 毫米 首宽 57 毫米

腰宽 38 毫米 厚 11 毫米

重量：446 克

222

德庆府上供银二十五两银铤

戳记：京销铤银 赵铺 重贰拾伍两
刻字：德庆府起发上供银监官黄迪功银匠黄庆
尺寸：通长 107 毫米 首宽 71 毫米
腰宽 46 毫米 厚 17 毫米
重量：907 克

223

德庆府上供银十二两半银铤

戳记：京销铤银 朱铺
刻字：德庆府上供银库官许迪功银匠黄庆仁
尺寸：通长 90 毫米 首宽 60 毫米
腰宽 41 毫米 厚 12 毫米
重量：444.3 克

224

永州淳熙二年
二十五两银铤

刻字：永州今申解淳熙二年到淳熙三年银 从政
郎永州录事参军□□□ 郎销
总计十铤每铤计贰拾伍两□□
尺寸：通长 112 毫米 首宽 80 毫米
腰宽 43 毫米 厚 22 毫米
重量：990.2 克

永州 南宋时属于荆湖南路，位于湖南中西部。淳熙为宋孝宗赵眘的年号。淳熙二年，公元 1175 年；三年，公元 1176 年。该铤的荆湖南路永州将征收到的淳熙二年至淳熙三年的白银共二百五十两一并起解到京师的十件银铤之一。由永州录事参军督办。

225

宝祐二年二十五两银铤

戳记：京销银　重贰拾伍两　元宅

刻字：宝祐二年□□二十五两重□□

迪功郎权录事参军朱陕

尺寸：通长 112 毫米　首宽 76 毫米

腰宽 50 毫米　厚 19 毫米

重量：979.4 克

帐前统制官张青五十两银铤

刻字：帐前统制官张青解到银柒千陆百两每铤系
市秤伍拾两重匠人张焕扈文炳宋国宁何庚
尺寸：通长 147 毫米 腰宽 55 毫米
重量：1910 克
1955 年黄石西塞山银铤窖藏出土

永州淮西银

永州，南宋时属于荆湖南路，位于湖南中西部。淮西银，即上缴淮西总领所的白银。淮西总领所，设在建康，总领所，即总领诸路财赋军马钱粮所，是南宋早期为解决财政经费而特设的。它是介于朝廷户部与诸路专运司之间的一级专门理财的机构，主要负责供应某一方面御前军需要的钱粮帛绵等。当时共有四个总领所，分别是淮东总领设属镇江、淮西总领设属建康、湖广总领设属鄂州、四川总领设属利州。

这几件永州淮西银是湖南永州遵照朝廷的规定向淮西总领所上缴的上供银，并用千字文编号，由永州司法参军和通判永州军事等官员督办。

227

永州淮西银民字号
二十五两银铤

刻字：今申解淮西银每铤贰拾伍两 民字号秤子
经荣唐深 从事郎永州司法参军赵皋审
奉议郎通判永州司州军莫所丘
尺寸：通长 110 毫米 首宽 78 毫米
腰宽 42 毫米 厚 18 毫米
重量：992 克

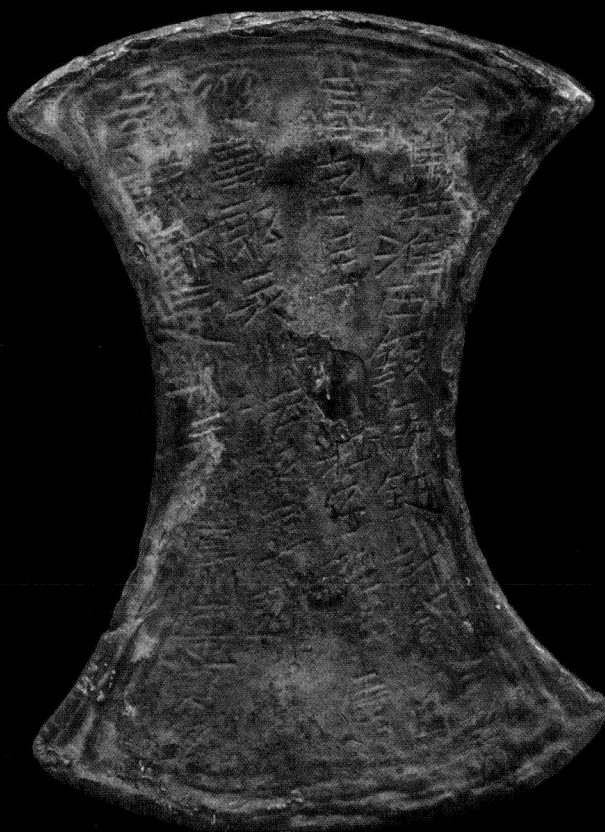

228

**永州淮西银崇字号
二十五两银铤**

刻字：今申解淮西银每铤计贰拾伍两 崇字号秤
子经荣唐深 从事郎永州司法参军赵崇□
承议郎通判永州军州事莫所丘
尺寸：通长 110 毫米 首宽 82 毫米
腰宽 43 毫米 厚 21 毫米
重量：1004.5 克

229

永州淮西银隆字号
二十五两银铤

刻字：今申解淮西银每铤贰拾伍两　隆字号秤子

经荣唐深　从事郎永州司法参军赵崇□

承议郎通判永州军州事□□

尺寸：通长 110 毫米　首宽 82 毫米

腰宽 41 毫米　厚 19 毫米

重量：1000.3 克

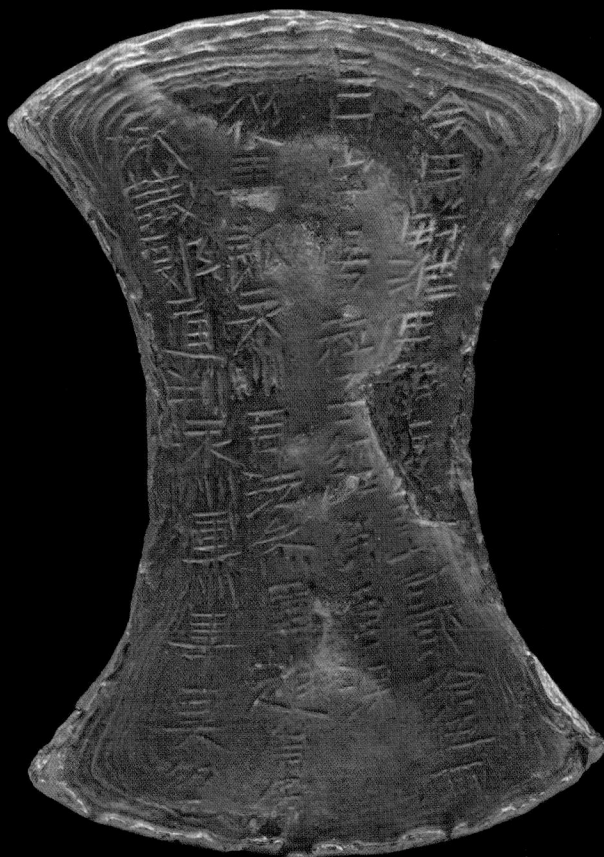

230

永州淮西银吕字号
二十五两银铤

刻字：今中解淮西银每铤计贰拾伍两　吕字号秤

子经荣唐深　从事郎永州司法参军赵崇□

承议郎通判永州军州事莫所丘

尺寸：通长 113 毫米　首宽 82 毫米

腰宽 45 毫米　厚 20 毫米

重量：1002.7 克

231

永州淮西银人字号
二十五两银铤

刻字：今申解淮西银每铤贰拾伍两 人字号秤子

经荣唐深 从事郎永州司法参军赵崇囗

承议郎通判永州军州事莫所丘

尺寸：通长114毫米 首宽84毫米

腰宽44毫米 厚22毫米

重量：1007.7克

232

永州淮西银洪字号
二十五两银铤

刻字：今中解淮西银每铤计贰拾伍两 洪字号秤
子经荣唐深 从事郎永州司法参军赵崇□
承议郎通判永州军州事莫所丘
尺寸：通长 112 毫米 首宽 82 毫米
腰宽 45 毫米 厚 23 毫米
重量：1017.6 克

233

永州申解宝祐二年
二十五两银铤

刻字：永州申解宝祐二年下半年□□ 承议郎

永州军事□□赵明□银壹拾伍铤赵□□□□

尺寸：通长 112 毫米　首宽 87.5 毫米

腰宽 42.5 毫米　厚 18 毫米

重量：991 克

纲银

把上供的白银编组成纲叫纲银。纲是纲运的意思。宋时，把需要运输的官物编组成若干单位，每个单位为一"纲"，由相关官吏监押，使用军队或差雇来的百姓运送，走水路谓之漕运，走陆路谓之陆运。运粮即纲粮，运银即纲银，运绢即纲绢等等。

纲银的来源是由从多种途径征收上来白银或是由其他上供物资折换的白银，其中最主要的有夏秋两税中的粮食、绢帛等实物折银，经总制钱折银，地方政府购买的上供银，专卖品收入折银等。

肇庆府纲银

肇庆府在南宋时属于广南东路，现在广东肇庆市。肇庆府纲银上通常砸有京销铤银和京城临安地名的戳记并刻有上供年份和监官（监督上供、税务等财政事务的官员）字样，显示是肇庆府到京城临安的金银铺购买银铤，随后刻上铭义，上供朝廷。

234

肇庆府淳祐四年纲银十二两半银铤

戳记：霸北街西 旧日韩陈张二郎 重拾贰两半
刻字：肇庆府淳祐四年押纲李达银匠谢达监官
尺寸：通长 90 毫米 首宽 58 毫米
腰宽 39 毫米 厚 13 毫米
重量：468.8 克

235

**肇庆府淳祐四年纲银
十二两银铤**

戳记：京销铤银 杭六郎口 重拾贰两
刻字：肇庆府淳祐四年押纲李达
银匠谢达监官
尺寸：通长 91 毫米 首宽 61 毫米
腰宽 40 毫米 厚 12 毫米
重量：443.6 克

236

**肇庆府淳祐四年纲银
十二两半银铤**

戳记：霸北街东 京销铤银
刻字：肇庆府淳祐四年押人李达监官
尺寸：通长 88 毫米 首宽 63 毫米
腰宽 42 毫米 厚 12 毫米
重量：434.5 克

237

肇庆府淳祐四年纲银
十二两银铤

戳记：霸北街东 赵孙宅 重拾贰两
刻字：肇庆府淳祐四年押人李口监官
尺寸：通长 90 毫米 首宽 63 毫米
腰宽 44 毫米 厚 12 毫米
重量：434.1 克

238

肇庆府淳祐四年纲银
十二两银铤

戳记：霸北街东 赵孙宅 重壹拾贰两
刻字：肇庆府淳祐四年押纲李达银匠谢达监官
尺寸：通长 91 毫米 首宽 61 毫米
腰宽 40 毫米 厚 11 毫米
重量：467 克

239

**肇庆府淳祐四年纲银
十二两半银铤**

戳记：京销铤银

刻字：肇庆府淳祐四年押纲李士良匠张王监官

尺寸：通长 82 毫米　首宽 57 毫米

腰宽 32 毫米　厚 15 毫米

重量：467 克

240

**京销铤银肇庆府纲银
十二两半银铤**

戳记：京销铤银　赵宅渗银　重拾贰两半

刻字：肇庆府纲银押纲李达监官

尺寸：通长 90 毫米　首宽 60 毫米

宽 41 毫米　厚 13 毫米

重量：470 克

241

肇庆府淳祐四年纲银
十二两半银铤

戳记：霸北街西 苏宅韩五郎 重拾贰两半
刻字：肇庆府淳祐四年押李达银匠谢达
尺寸：通长 90 毫米 首宽 60 毫米
腰宽 42 毫米 厚 12 毫米
重量：438.6 克

242

肇庆府淳祐四年纲银
十二半两银铤

刻字：肇庆府淳祐四年押纲银匠李达监官
尺寸：通长 85 毫米 首宽 57 毫米
腰宽 32 毫米 厚 23 毫米
重量：460.2 克

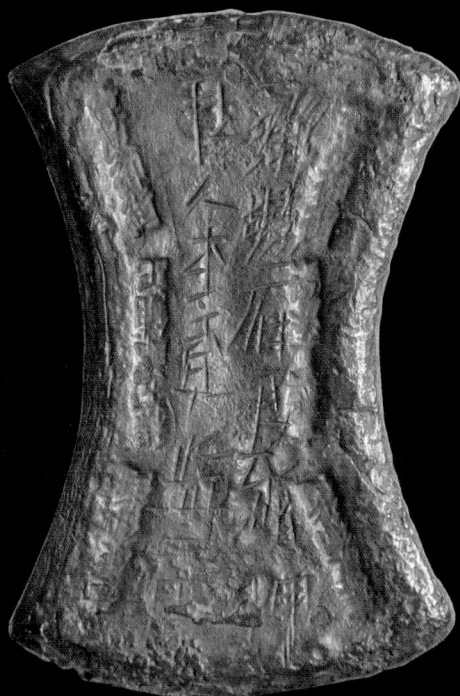

243

**肇庆府银建康御街
十二两半银铤**

戳记：建康御街　程二郎铺记
刻字：肇庆府银□□押银人李达监官
尺寸：通长 91 毫米　首宽 66 毫米
腰宽 40 毫米　厚 12 毫米
重量：443 克

郴州纲银

　　郴州纲银是湖南郴州上解建康淮西总领所的上供银。银铤上砸京销铤银、京城临安地名、金银铺与金银匠名等戳记，显示是郴州地方政府为了完成上供年额，专门到临安的金银铺购买的银铤，随后刻上铭文，上供朝廷。

244

郴州淳祐八年下半年纲银
十二两银铤

戳记：霸北街西　苏宅韩五郎　重拾贰两半

刻字：郴州起发淳祐八年下半年
纲银赴淮西总领所交纳

尺寸：通长 89 毫米　首宽 61 毫米
腰宽 41 毫米　厚 12 毫米

重量：435.9 克

245

**郴州淳祐八年下半年纲银
十二两银铤**

戳记：霸南街东 赵孙宅 重拾贰两半 东五三记

刻字：郴州起解淳祐八年下半年
银赴淮西总所交纳

尺寸：通长 88 毫米 首宽 62 毫米
腰宽 39 毫米 厚 12 毫米

重量：440.8 克

246

**郴州淳祐八年下半年纲银
十二两半银铤**

戳记：霸南街东 □□□□

刻字：郴州起发淳祐八年下半年
纲银赴淮西总所交纳

尺寸：通长 90 毫米 首宽 61 毫米
腰宽 41 毫米 厚 12 毫米

重量：461 克

247

**郴州淳祐八年下半年纲银
十二两半银铤**

戳记：霸北街东 重拾贰两半 赵孙宅

刻字：郴州起解淳祐八年下半年
纲银赴淮西总所交纳

尺寸：通长 85 毫米 首宽 60 毫米
腰宽 40 毫米 厚 10 毫米

重量：407 克

新州纲银

新州纲银是广南东路新州上解到湖北鄂州（鄂州总领所）的纲银。其铭文通常刻有"新州解发淳祐四年鄂州纲银"，说明了上供的州军、上供时间、上供银送抵目的地，表明各路州军按照朝廷规定的数量、时间、地点等输送财赋的信息。

248

新州淳祐四年鄂州纲银二十五两银铤

戳记：霸北街西 苏宅韩五郎

刻字：新州解发淳祐四年鄂州纲银

尺寸：通长 112 毫米 首宽 78 毫米

腰宽 49 毫米 厚 16 毫米

重量：931.7 克

249

新州淳祐四年鄂州纲银
十二两半银铤

戳记：京销铤银 范八郎
刻字：新州解发淳祐四年鄂州纲银
尺寸：通长 89 毫米 首宽 59 毫米
腰宽 38 毫米 厚 10 毫米
重量：449 克

250

新州淳祐四年鄂州纲银
十二两半银铤

戳记：京销银 赵孙宅 重拾贰两半
刻字：新州解发淳祐四年鄂州纲银
尺寸：通长 86 毫米 首宽 60 毫米
腰宽 40 毫米 厚 12 毫米
重量：443 克

251
新州淳祐四年鄂州纲银
十二两半银铤
戳记：京销铤银 俞七郎□ 济南□
刻字：新州解发淳祐四年鄂州银纲
尺寸：通长 88 毫米 首 56 毫米
腰 38 毫米 厚 13 毫米
重量：440.2 克

252
新州淳祐四年鄂州纲银
十二两半银铤
戳记：铁线巷里 重拾贰两半
刻字：新州解发淳祐四年鄂州纲银
尺寸：通长 90 毫米 首宽 66 毫米
腰宽 45 毫米 厚 11 毫米
重量：478 克

新州淳祐四年鄂州纲银
十二两半银铤

刻字：新州解发淳祐四年鄂州纲银

尺寸：通长 84 毫米　首宽 57 毫米

腰宽 33 毫米　厚 17 毫米

重量：459.3 克

新州淳祐四年鄂州纲银
十二两半银铤

刻字：新州解发淳祐四年鄂州纲银

尺寸：通长 92 毫米　首宽 62 毫米

宽 37 毫米　厚 15 毫米

重量：459 克

255

梅州纲运银十二两半银铤

戳记：京销铤银　王宅

刻字：梅州起发纲运银

尺寸：通长 89 毫米　首宽 59 毫米

腰宽 37 毫米　厚 10 毫米

重量：426 克

广东运司

　　运司，即转运司，是宋代中央政府为了加强对地方财政集中管理而分路设置的，是中央计司（预算机构）的派出机构。其职责是监督所管辖的州军的上供年额的征收和运输，负责本路州军财政经费的调拨和开支。广东运司，全称广南东路转运司。史载，北宋后期广东路岁额上供钱 15 万，依例买银起发。绍兴年（1131~1162 年）之后，广东转运司每年桩办得钱五万缗，均分作银本（银本是买上供银的本钱）。这显示转运司在监督州军征收上供年额的同时，还需提供部分资金来购买白银用以上供。

256
广东运司京销铤银
二十五两银铤
戳记：京销铤银 沈铺 重贰拾伍两
广东运司 黄俊验
尺寸：通长 115 毫米 首宽 80 毫米
腰宽 50 毫米 厚 20 毫米
重量：923.5 克

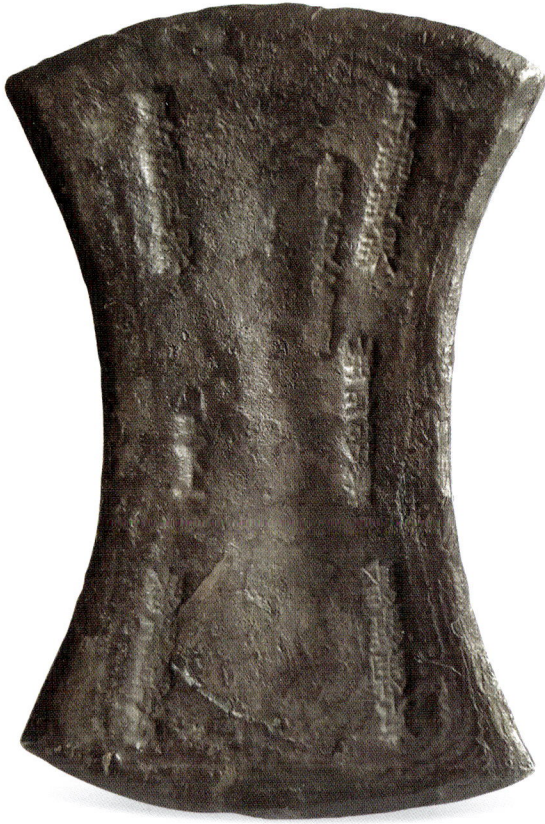

257

广东运司京销铤银
二十五两银铤

戳记：京销铤银 广东运司 贰拾伍两 丁宅

尺寸：通长 109 毫米 首宽 73 毫米

腰宽 50 毫米 厚 16 毫米

重量：924.5 克

258

广东运司十二两半银铤

戳记：霸北街西 相五郎□ 重拾贰两半 黄俊验
广东运司 □盛

尺寸：通长 88 毫米 首宽 62 毫米

腰宽 39 毫米 厚 12 毫米

重量：468 克

259

广东运司京销铤银
十二两半银铤

戳记：京销铤银 赵孙宅 广东运司

尺寸：通长 88 毫米 首宽 60 毫米

腰宽 42 毫米 厚 11 毫米

重量：461 克

260

广东运司京销细渗
十二两半银铤

戳记：京销细渗 杜一郎 广东运司 □□验

尺寸：通长 91 毫米 首宽 61 毫米

腰宽 40 毫米 厚 12 毫米

重量：450 克

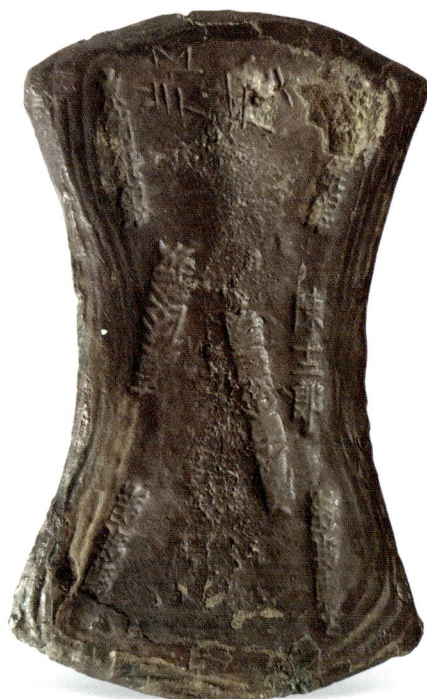

261

广东运司京销铤银
十二两半银铤

戳记：京销铤银 陈十二郎 广东运司 黄俊验

刻字：郑茂

尺寸：通长 91 毫米 首宽 51 毫米

腰宽 41 毫米 厚 13 毫米

重量：457.7 克

262

广东运司简松坊南
十二两半银铤

戳记：简松坊南 吴二郎 拾贰两半 广东运司

尺寸：通长 85 毫米 首宽 59 毫米

腰宽 42 毫米 厚 11 毫米

重量：435 克

263

广东运司京销铤银
十二两半银铤

截记：京销铤银 吴宅
刻字：广东运司
尺寸：通长 91 毫米 首宽 61 毫米
腰宽 40 毫米 厚 12 毫米
重量：448.9 克

264

广东运司淳祐九年
十二两半银铤

戳记：京销铤银 旧日苏韩张二郎 重拾贰两半

刻字：广东运司淳祐九年□押人何聚□盛

尺寸：通长 89 毫米 首宽 65 毫米

腰宽 42 毫米 厚 12 毫米

重量：430.2 克

265

广东运司铁线巷南
十二两半银铤

戳记：铁线巷南 王宅 重壹拾贰两半 广东运司

尺寸：通长 90 毫米 首宽 58 毫米

腰宽 39 毫米 厚 12 毫米

重量：460 克

潮州纲米十二两半银铤

戳记：霸北街东 京销铤银 赵孙宅 广东□□
刻字：潮州陈康信□□□纲米
尺寸：通长88毫米 首宽60毫米
腰宽43.3毫米 厚12.8毫米
重量：424.5克

纲米 将上供税米折银编纲运送叫纲米。霸北街东，临安地名，位于现在的杭州中山中路洋坝头附近。该铤是潮州府购买京城金银交引铺现成铸好的银铤再刻上"纲米"等字样，起纲转运京城或总领所。

折欠银十二两半银铤

戳记：章贡府前 □仲和 重拾贰两半

刻字：李迪功纳折欠银 谢德明验

尺寸：通长 90 毫米 首宽 59 毫米

腰宽 40 毫米 厚 12 毫米

重量：443.3 克

折欠　或称欠折，是指纲运中的丢失损毁。折欠银，顾名思义就是对纲运损失的赔付银。

174

天基圣节银

圣节，即天基圣节，是南宋理宗赵
昀（1205～1264年）的生日。宋代的
地方上供有很大一部分是向皇帝进献财
物，尤其是每逢皇帝生日，各地都要向
皇帝上供祝寿财物，通常是金银、钱、
丝绸、茶、香药、珍宝等等。目前发现
的南宋银铤中以理宗天基圣节为主，时
间是淳祐七年（1247年），因为理宗是
生日是正月初五，所以在银铤上通常刻
明上供的时间，如十月初九、十二月
二十日等。

268

建康府淳祐七年进奉圣节银
五十两银铤

刻字：建康府起解进奉淳祐柒年分圣节银每铤
重伍拾两专库王镒匠人程元等　宿　十月初九
日　迪功郎建康府司户参军兼监赵兴装　文林郎
建康府录事参军兼监张士逊
戳记：贾寔　沈执中　京销　邢文彬
尺寸：通长 145 毫米　首宽 90 毫米
腰宽 57 毫米　厚 21 毫米
重量：2013 克

罗江军军资库银
二十五两银铤

刻字：罗江军申解淳祐七年□天基圣节银 秋字
号 二铤共重伍拾贰两 行人李大桂等军资库子黄
□等 进义副尉申差夔州云安巡检监军官黄应庚

尺寸：通长 110 毫米 首宽 71 毫米

腰宽 39 毫米 厚 23 毫米

重量：1005.73 克

广东钞库

宋代的专卖品主要有盐、酒、茶、香、矾等，专卖收入与田赋收入基本持平，二者是国家财政收入的主要部分。南宋版图缩小，田赋收入减少，因而专卖收入成为国家财政收入中的重要部分，其中又以盐榷为主要收入。钞库即卖钞库，是一种买卖盐钞的机构。比其经营规模小一点的是"钞铺"，即买卖盐钞的店铺。盐钞是一种支盐贩卖的信用票据。其基本功能是"用钞请盐"。盐商贩盐向官府入中钱货，官府发给盐钞，然后，商人持盐钞到指定地点折支食盐贩卖。广东钞库是设立在广南东路的卖钞库，专门承接广东盐钞的印发、买卖、兑换等业务。

270

**广东钞库霸北街东
二十五两银铤**

戳记：霸北街东 苏宅韩五郎 广东钞库
重贰拾伍两 梁平验口
尺寸：通长 113 毫米 首宽 76 毫米
腰宽 49 毫米 厚 15 毫米
重量：937 克

271

广州钞库霸北街西
二十五两银铤

戳记：霸北街西　重贰拾伍两　旧日苏韩张二郎

广东钞库　钞铺　梁平验口

尺寸：通长 109 毫米　首宽 72 毫米

腰宽 49 毫米　厚 16 毫米

重量：935.5 克

272

广东钞库程二郎记
二十五两银铤

戳记：程二郎记 □□ 广东钞库
尺寸：通长 114 毫米 首宽 79 毫米
腰宽 43 毫米 厚 23 毫米
重量：937.9 克

273

广东钞库□□张家记
二十五两银铤

铭文：□□张家记 吴震验讫 广东钞库
尺寸：通长 115 毫米 首宽 79 毫米
腰宽 44 毫米 厚 19 毫米
重量：934 克

274

**广东钞库朱一郎
二十五两银铤**

戳记：广东钞库 朱一郎 张□

尺寸：通长 115 毫米 首宽 72 毫米
腰宽 38 毫米 厚 22 毫米

重量：1034.06 克

275

**广东钞库京销铤银
十二两半银铤**

戳记：霸北街西 京销铤银 王五郎
广东钞库 梁平验□

刻字：从事郎録参赵拾贰两半银铤

尺寸：通长 86 毫米 首宽 54 毫米
腰宽 34 毫米 厚 14 毫米

重量：429 克

276

广东钞库京销铤银赵宅渗银
十二两银铤

戳记：京销铤银 赵宅渗银 广东钞库
梁平验□ 钞铺朱礼□

刻字：侯必□

尺寸：通长 86 毫米 首宽 63 毫米
宽 40 毫米 厚 13 毫米

重量：453 克

277

广东钞库霸北街东
十二两半银铤

戳记：霸北街东 赵孙宅□ 重拾贰两半
广东钞库 梁平验□ 钞铺朱礼□

尺寸：通长 87 毫米 首宽 62 毫米
腰宽 44 毫米 厚 12 毫米

重量：442.5 克

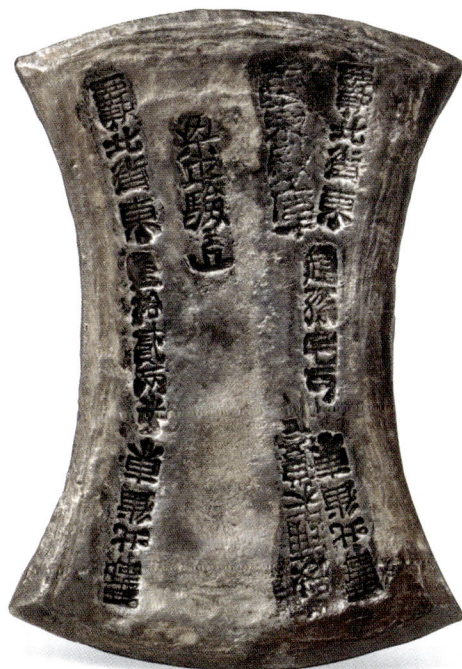

278

广东钞库京销铤银
十二两半银铤

截记：京销铤银 丁宅 钞铺黎金□
梁平验□ 广东钞库
刻字：陈彦昭
尺寸：通长 91 毫米 首宽 59 毫米
腰宽 41 毫米 厚 12 毫米
重量：452.6 克

279

广东钞库霸北街东
十二两半银铤

截记：霸北街东 赵孙宅 重拾贰两半 成信卿
广东钞库 梁平验□ 钞铺朱礼□
刻字：成信卿
尺寸：通长 85 毫米 首宽 60 毫米
腰宽 42 毫米
重量：370 克

280

广东钞库京销铤银
十二两半银铤

戳记：京销铤银 周五乙郎铺 广东钞库
钞铺朱礼□ 梁平验□
刻字：成信□
尺寸：通长 87 毫米 首宽 58 毫米
宽 40 毫米 厚 13 毫米
重量：472.13 克

281

广东钞库霸北街西
十二两半银铤

戳记：霸北街西 京销铤银 霸西王二郎
广东钞库 钞铺朱礼□
尺寸：通长 89 毫米 首宽 56 毫米
宽 40 毫米 厚 13 毫米
重量：414.8 克

282

广东钞库霸北街西
十二两银铤

戳记：霸北街西 广东钞库 钞铺黎全□
重拾贰两半 梁平验□
刻字：侯应龙
尺寸：通长89毫米 首宽59毫米
腰宽40毫米 厚13毫米
重量：443.6克

283

广东钞库京销铤银
十二两半银铤

戳记：铁线巷 京销铤银 林六郎 广东钞库
钞铺朱礼□ 梁平验□
刻字：凌元章
尺寸：通长89毫米 首宽59毫米
腰宽40毫米 厚11毫米
重量：474克

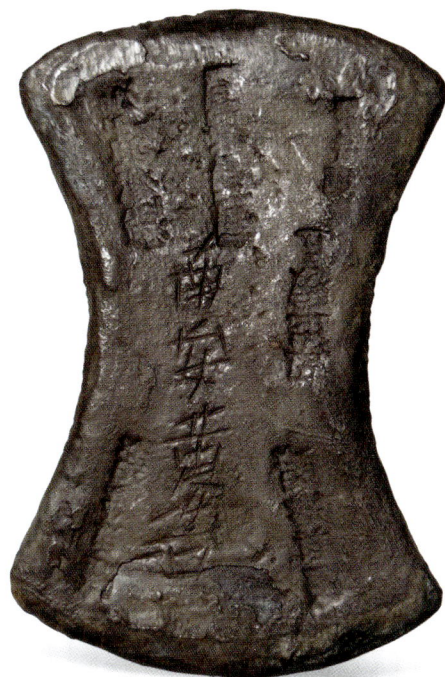

284

广东钞库隆兴渗银
十二两半银铤

戳记：隆兴渗银 广东钞库 梁平验

刻字：南安黄浩

尺寸：通长 89 毫米 首宽 59 毫米

腰宽 40 毫米 厚 11 毫米

重量：474 克

285

广东钞库煎销花铤银
十两银铤

戳记：煎销花铤银 杜家 广东钞库

梁平验□ 黎全□

刻字：侯应龙

尺寸：通长 85 毫米 首宽 53 毫米

腰宽 20 毫米 厚 16 毫米

重量：442 克

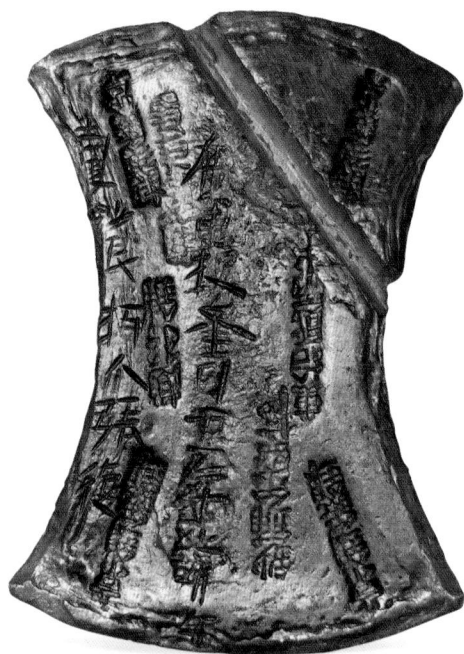

286

广东提举司十一年上半年卖钞银
十二两半银铤

戳记：京销铤银 赵孙铺 重拾贰两半

广东钞库 钞铺余盛

刻字：广东提举司十一年上半年卖钞银押人张德

尺寸：通长 86 毫米 首宽 60 毫米

腰宽 39 毫米 厚 10 毫米

重量：410 克

市舶银

　　市舶司，即提举市舶司，是检查出入海港的船舶、征收商税、收购政府专卖品和管理外商等的官方机构。开宝四年（971年），宋太祖在广州设立宋代第一个市舶司，其所在地广州是海外贸易规模最大的港口，贸易通往东南亚、南亚、西亚、东北非等地。其后又在杭州、明州、泉州、密州等地设立市舶司。

　　广南市舶司　设置于北宋开宝四年（971年），是宋代最早设立的市舶司。其所在地广州是海外贸易规模最大的港口，贸易通往东南亚、南亚、西亚、东北非等地。"监官"即市舶监官，主要掌管抽买舶货，收支钱物等事务，是负责财政税收的官员。"畸零银"是不足整数的零散白银的意思，"起发畸零银"是广南市舶司把零散的白银搜集起来换成银铤起发解运朝廷。

287

广南市舶司畸零银
十二两半银铤

戳记：霸北街西　苏乇韩五郎
重拾贰两半　京销　杨瑞　韩宗记
刻字：广南市舶司起发畸零银　监官何成　翟良日
尺寸：通长 89 毫米　首宽 60 毫米
腰宽 38 毫米　厚 11 毫米
重量：459 克

288

舶司起发水脚银
十二两半银铤

戳记：京销铤银　霸北韩宅　京销
广东钞库　钞铺朱礼

刻字：舶司起发□□水脚银　监官□□
谢仲永　一月八日

尺寸：通长 89 毫米　首宽 57 毫米
腰宽 37 毫米　厚 11 毫米

重量：448 克

马司银

南宋还有一种对军马的专卖制度，叫茶马法。在新发现的银铤上可以发现它的蛛丝马迹，银铤称作马司银。马司，即提举茶马司，设于四川，负责全国的茶叶的供应和军队战马的供应。南宋境内产马很少，战马主要依赖向西蕃和广西少数民族地区购买，有时也向金和蒙古购买。通常每年需买战马万匹上下。而用于运输物资之用的马，则是向湖北湖南等地买土产马。买马费用通常是用银、茶、绢来支付的。

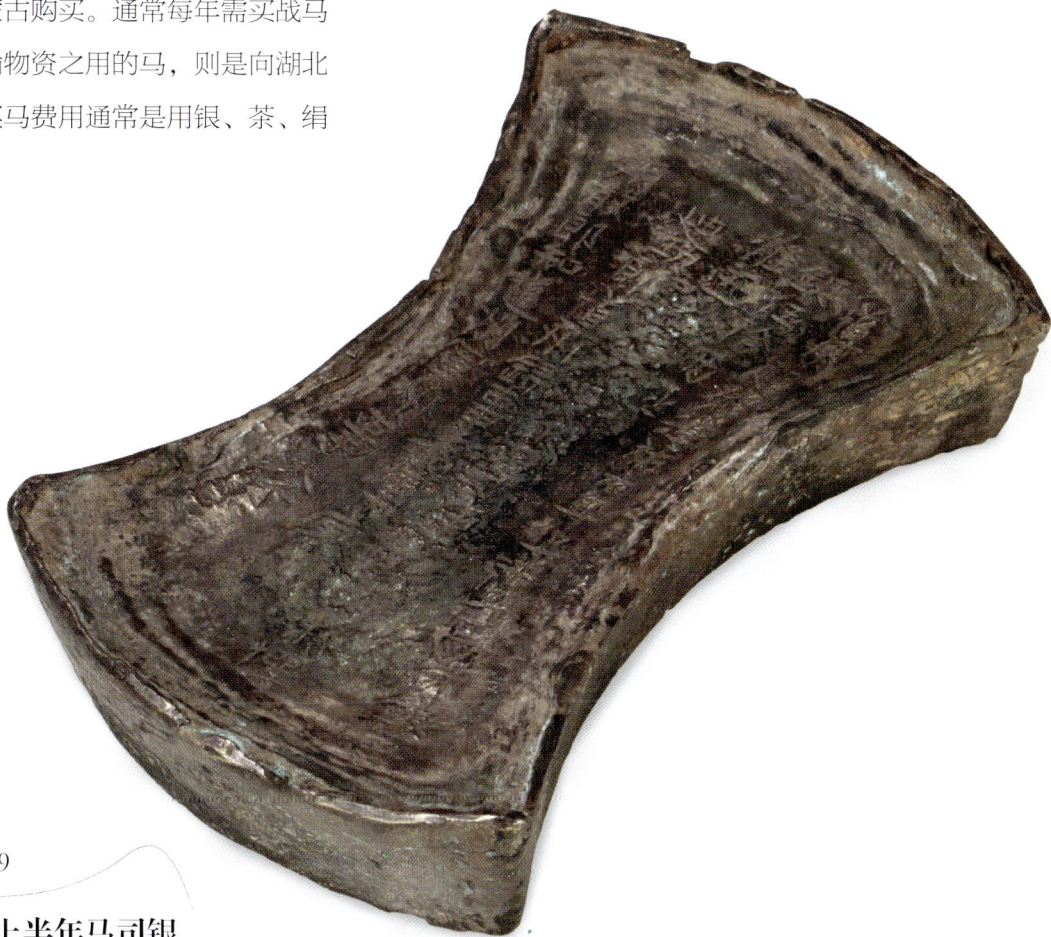

289

道州淳祐六年上半年马司银
五十两银铤

刻字：道州起发淳祐六年上半年马司银每铤伍拾两
赴淮西总领所交纳专库□□ 迪功郎
道州录事参军廖 朝散郎知道州军州事李
尺寸：通长 144 毫米 首宽 96 毫米
腰宽 60 毫米 厚 21 毫米
重量：1947 克

道州淳祐六年上半年马司银
五十两银铤

刻字：道州起淳祐六年上半年马司银每铤
重伍拾两赴淮西总使所交纳专库李俊蒋佐 迪功郎
道州录事参军廖 朝请郎知道州军州事李
尺寸：通长 144 毫米 首宽 95 毫米
腰宽 58 毫米 厚 23 毫米
重量：1968 克

291

道州淳祐七年上半年马司银
五十两银铤

刻字：道州起发淳祐七年上半年马司银每铤伍拾
两赴淮西总领所交纳迪功郎道州
录事参军廖朝请郎知道州军州事李
尺寸：通长 147 毫米　首宽 99 毫米
腰宽 59 毫米　厚 28 毫米
重量：1990.6 克

292

永州秋季马司银二十五两银铤

刻字：永州通判申解秋季马司银
一铤计贰拾伍两黄字号秤子唐深绍荣
奉议郎永州通判事张仲

尺寸：通长 109 毫米　首宽 80 毫米
腰宽 48 毫米　厚 21 毫米

重量：996.8 克

293

桂阳军马司十二两半银铤

戳记：京销铤银
刻字：桂阳军马司监官

尺寸：通长 89 毫米　首宽 56 毫米
腰宽 37 毫米　厚 13 毫米

重量：470.5 克

经总制银

经总制钱是经制钱和总制钱的总称。经制钱
首创于北宋宣和四年（1122年）。总制钱是仿经
制钱而成，经总制银是经总制钱在银两上的表现
形式。经总制钱是南宋时期一种无名杂敛，一种
特殊的附加税，是南宋财政收入的主要来源之一。
经总制钱种类繁多，但其征收的每项数量都不大，
往往以文计算，用铜钱缴纳。由于直接征收的铜钱，
数量巨大，上缴不便，则在市场上兑换成银两，以
经总制银的形式上缴。

294

武冈军淳祐六年夏季经总制银
五十两银铤

正面刻字：武冈军今解淳祐六年夏季
经总制银贰佰捌拾陆两贰钱捌分柒厘
大小六铤赴淮西大军库交纳
背面刻字：朝请郎通判军事徐
武翼郎阁门宣赞使知官公事王
尺寸：通长 161 毫米 首宽 85 毫米
腰宽 64 毫米 厚 19 毫米
重量；1960 克

295

武冈军淳祐六年夏季经总银
五十两银铤

正面刻字：武冈军今起发淳祐六年
夏季经总银计贰佰捌拾陆两贰钱捌分柒厘
大小六铤赴淮西大军库交纳
背面刻字：朝散郎武冈军通判事徐
武翼郎阁门宣赞使知官公事王
尺寸：通长 161 毫米　首宽 83 毫米
腰宽 54 毫米　厚 17 毫米
重量：1906.82 克

296

**淳祐六年闰四月夏季武冈军
经总制银五十两**

正面刻字：武冈军今起解淳祐六年闰四月
分夏季经总银叁佰陆拾叁两贰钱柒厘
大小八铤赴淮西大军库交纳
背面刻字：朝散郎武岗军通判军事徐
武翼郎阁门宣赞舍人知军公事王
尺寸：通长160毫米 首宽85毫米
腰宽55毫米 厚20毫米
重量：1948克

297

武冈军淳祐六年闰四分下季经总银五十两银铤

刻字：武冈军今起发淳祐六年闰四月季经总银计叁佰陆拾叁两贰钱柒厘大小八铤赴淮西大军库交纳　朝散郎武冈军通判事徐　武翼郎阁门宣赞使知官公事王

尺寸：通长 161 毫米　首宽 85 毫米

腰宽 55 毫米　厚 19 毫米

重量：1918.17 克

* 以上五件"经总制银"的银铤是武岗军（今湖南境内）在淳祐六年（1246 年）夏上缴淮西库的，是地方官员督办的，由地方收缴，层层往上汇转，最后上缴总领所。这在一定程度上反映出南宋时期经总制钱的规模及收缴情况。

298

武冈军淳祐十年春经总银
五十两银锭

刻字：武冈军今解淳祐十年春经总银贰佰捌拾陆
两贰钱大小柒铤赴淮西大军库交纳 承议郎通判
军事胡 朝散郎武冈知军事何

尺寸：通长 164 毫米 首宽 84 毫米
腰宽 56 毫米 厚 20 毫米

重量：2012 克

淳祐三年下半年经总银
二十五两银铤

戳记：霸南街东 雍念三郎 贰拾伍两

刻字：□州起发淳祐三年下半年经总银

赴淮西总领所交纳□□□

尺寸：通长 145 毫米 首宽 72 毫米

腰宽 53 毫米 厚 15 毫米

重量：970 克

300
广州经制库银广东城南
二十五两银铤
戳记：广东城南 木念九郎 重贰拾伍两
刻字：广州经制库银
尺寸：通长 110 毫米 首宽 75 毫米
腰宽 50 毫米 厚 14 毫米
重量：878.4 克

301
广州经制银京销细渗猫儿桥东
二十五两银铤
戳记：京销细渗 猫儿桥东 吴二郎 夏华验
刻字：广州经制银
尺寸：通长 109 毫米 首宽 75 毫米
腰宽 48 毫米 厚 14 毫米
重量：893 克

302

广州经制银京销铤银
二十五两银铤

截记：京销铤银 霸西王二郎 贰拾伍两
刻字：广州经制银
尺寸：通长 114 毫米 首宽 75 毫米
腰宽 52 毫米 厚 14 毫米
重量：942.53 克

303

广州经制银霸南街西
十二两半银铤

截记：霸南街西 相五郎□ 重拾贰两半
刻字：广州经制银
尺寸：通长 89 毫米 首宽 60 毫米
腰宽 39 毫米 厚 13 毫米
重量：456.63 克

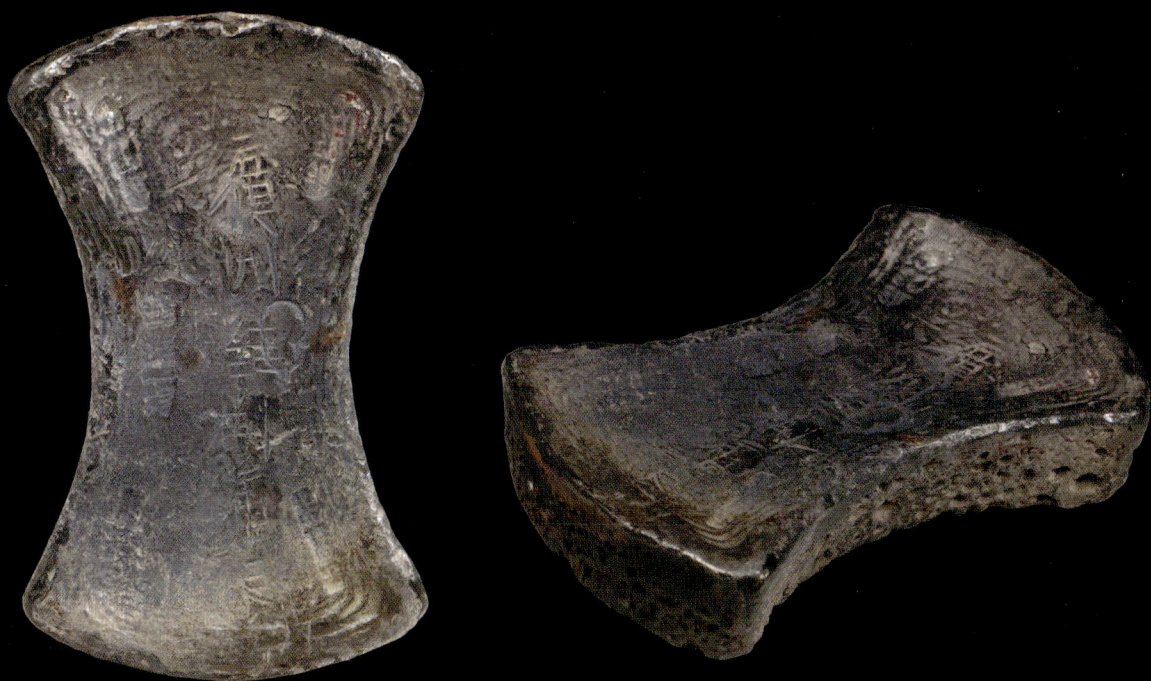

304

广州经制库银京销银
十二两半银铤

戳记：京销银

刻字：广州经制库银

尺寸：通长 89 毫米　首宽 54 毫米

宽 34 毫米　厚 17 毫米

重量：462 克

305

**广州经制银霸北街西
十二两半银铤**

戳记：霸北街西　陈曹宅　重拾贰两半

刻字：广州经制银

尺寸：通长 89 毫米　首宽 58 毫米

宽 40 毫米　厚 15 毫米

重量：460.93 克

306

广州经制银京销银西河铺
十二两银铤

戳记：京销银 西河铺 拾贰两半

刻字：广州经制银

尺寸：通长 89 毫米 首宽 58 毫米

腰宽 40 毫米 厚 10 毫米

重量：437 克

307

广州经制银霸北街东
十二半两银铤

戳记：霸北街东 赵宅 夏叶验讫
重拾贰两
刻字：广州经制银 麦新
尺寸：通长 92 毫米 首宽 62 毫米
腰宽 40 毫米 厚 11 毫米
重量：450.5 克

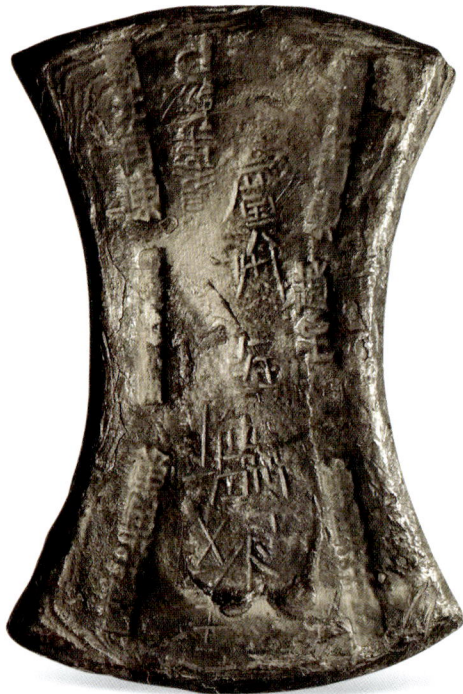

308

广州经制银赵宅渗银
十二两半银铤

戳记：京销铤银 赵宅渗银 重拾贰两半
陈□ 验□ 广东钞库
刻字：刘真 广州经制银
尺寸：通长 90 毫米 首宽 58 毫米
腰宽 40 毫米 厚 11.5 毫米
重量：449.2 克

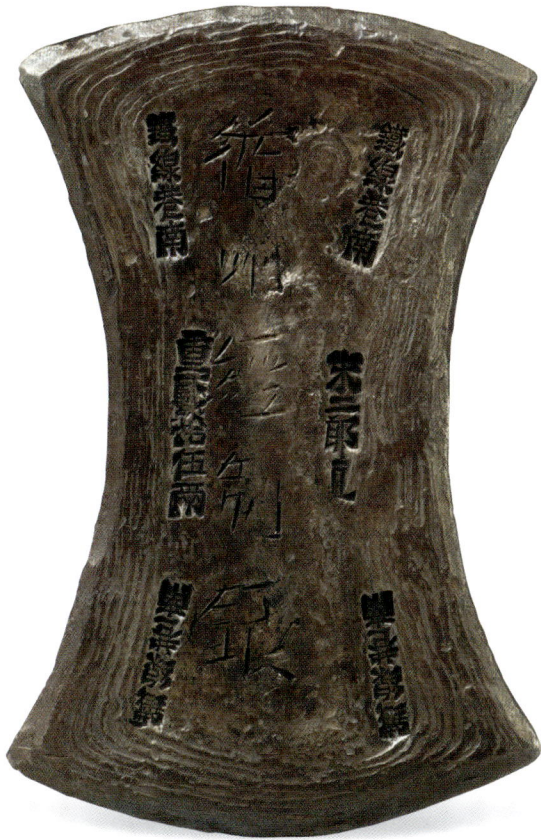

309

循州经制银铁线巷南
二十五两银铤

戳记：铁线巷南 朱二郎口 重贰拾伍两
刻字：循州经制银
尺寸：通长 110 毫米 首宽 72 毫米
腰宽 47 毫米 厚 16 毫米
重量：953 克

310

新州经总制纲银
十二两银铤

戳记：真花铤银 京销 沈执中 盛濂 邢文彬 贾寔
刻字：新州经总制纲银
尺寸：通长 81 毫米 首宽 51 毫米
腰宽 31 毫米 厚 16 毫米
重量：389 克

311

惠州经制银霸北街西
十二两半银铤

戳记：霸北街西 重拾贰两半

刻字：惠州经制银

尺寸：通长 89 毫米 首宽 60 毫米

腰宽 41 毫米 厚 11 毫米

重量：403.1 克

312

惠州经制银京兆渗银
十二两半银铤

戳记：京兆渗银 木念九郎 重拾贰两半

刻字：惠州经制银

尺寸：通长 86 毫米 首宽 57 毫米

腰宽 37 毫米 厚 8 毫米

重量：321 克

郴州淳祐十年下半年经总银
五十两银铤

刻字：郴州起解淳祐十年下半年经总银今遵
照 使所行下当官用铜法则称制匠镕成铤
排入寅字号计肆拾玖两玖钱重
赴淮西总领使所缴纳者
朝奉大夫权法遣郴州军州军曹龙
尺寸：通长 150 毫米 首宽 92 毫米
腰宽 59 毫米 厚 18 毫米
重量：2012.6 克

免丁银

　　免丁银，即僧道免丁钱（银），是南宋绍兴十五年（1145年）创立了一项专门向释人道士徒征收的人丁税，按僧道的等级分六等征收。乾道六年（1170年）以后，归入经总制钱。唐宋时，僧侣道士领到度牒后，就可以免丁钱避遥役，保护资产。南宋时代，因疆域缩小，朝廷收入减少，所以在绍兴十五年正月辛未，命征收"道纳免丁钱"。这项措施每年可为国库收入50万两左右。

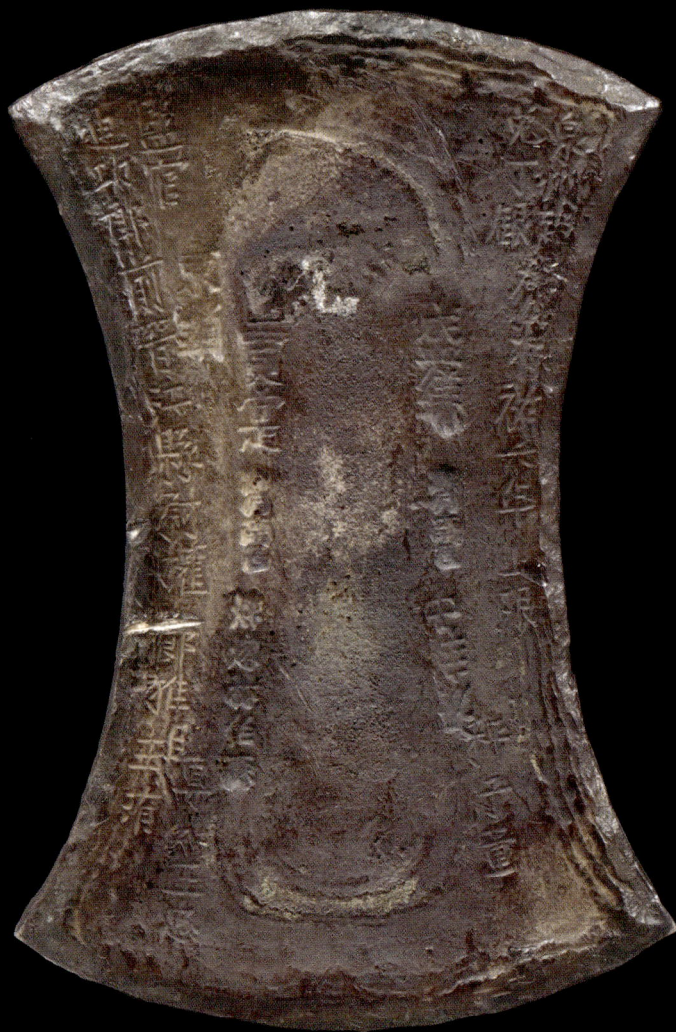

314

泉州淳祐六年免丁银
五十两银铤

戳记：贾宷 盛缣 济南□ 沈执中 焠熔林伯森
刻字：免丁银泉州起发淳祐六年上限秤子董监官
迪功郎前晋江县尉权节推臣王侑 专知王忠
尺寸：通长136毫米 首宽93毫米
腰宽61毫米 厚22毫米
重量：1909.1克

315

**武冈军淳祐□年僧道免丁银
三十五两银铤**

刻字：武冈军今解淳祐□年□□僧道免丁银叁拾
伍（两）玖钱壹分共壹□铤赴淮西大军库交纳
尺寸：通长 162.3 毫米 首宽 84.3 毫米
腰宽 54.5 毫米 厚 14.7 毫米
重量：1431 克

316

**永州宝祐二年下半年免丁
二十五两银铤**

刻字：永州申解宝祐二年下半年免丁
□直郎永州军事判官赵拜奇监销
拾伍铤每铤重贰拾伍两 张则

尺寸：通长 114 毫米 首宽 90 毫米
腰宽 43 毫米 厚 22 毫米

重量：998.7 克

317

**永州淳祐十年春兔丁银
二十五两银铤**

刻字：永州今申解淳祐十一年春□ 从政郎永州
录军事参军刘来□ 兔丁银 每铤计贰拾伍两□
尺寸：通长 109 毫米 首宽 76 毫米
腰宽 43 毫米 厚 18 毫米
重量：1006 克

318

郴州淳祐三年上半年免丁银
十两银铤

刻字：郴州起发淳祐三年上半年免丁银
赴淮西总领使所

尺寸：通长 88 毫米　首宽 57 毫米
腰宽 32 毫米　厚 15 毫米

重量：483 克

319

永州淳祐六年免丁
二十五两银铤

刻字：永州今申解淳祐六年免丁夏季
每铤贰拾伍两监官从事郎永州军事推官

尺寸：通长 109 毫米　首宽 76 毫米
腰宽 40 毫米　厚 18 毫米

重量：1004 克

320

桂阳军免丁银十二两半银铤

戳记：京销铤银

刻字：桂阳军免丁银官□

尺寸：通长 90 毫米 首宽 60 毫米

腰宽 38 毫米 厚 15 毫米

重量：487 克

321

桂阳军免丁银十二两半银铤

戳记：京销铤银

刻字：桂阳军免丁银官□

尺寸：通长 89 毫米 首宽 56 毫米

腰宽 36 毫米 厚 12 毫米

重量：463 克

322

潮州免丁银十二两半银铤

戳记：京销铤银 柴二郎 重拾贰两半

刻字：潮州免丁银

尺寸：通长 83 毫米 首宽 55 毫米

腰宽 39 毫米 厚 12 毫米

重量：411.9 克

宽剩银

即免役宽剩钱，是征收徭役时另加的一种收入。宋代实行免役法，或称募役法。是宋神宗熙宁四年（1071 年）王安石变法中的一项法令。募役法的核心就是用钱雇佣服役人员，规定原来必须轮流充役的农民可以出钱以替代服役，官府用这笔钱雇人充役。各州、县预计每年雇役所需经费，将差役的轻重，按户等轮充。户等的高低，按田亩、丁壮的多少而定。募役法使原来轮流充役的农村居民回乡务农，而原来享有免役特权的人户也必须交纳免役钱，官府也因此增加了一笔收入。免役宽剩钱就是这项收入中的一项，是各路、州、县依照当地差役事务繁简，自定数额，供当地费用。在定额之外另加五分之一，称免役宽剩钱，由各地存留备用。

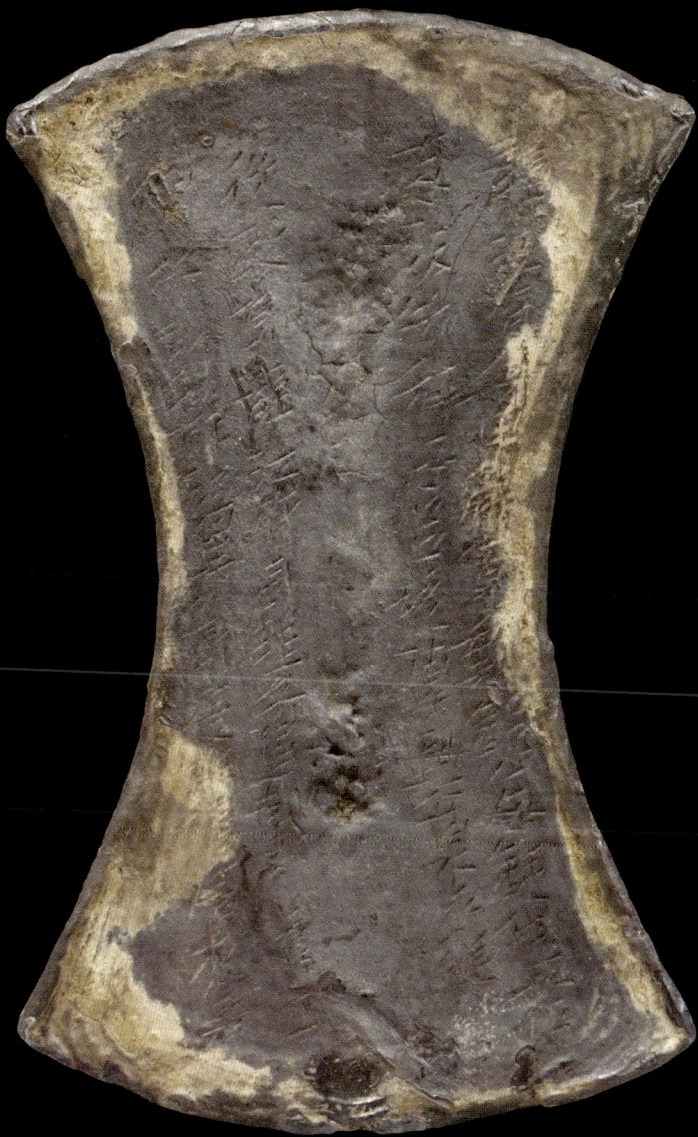

323

静江府宽剩银五十两银铤

刻字：静江府今中解宽剩银每铤伍拾两法物称
子吕□专典莫永进　从政郎静江府司理参军
□□□　儒林郎静江府军节度推官周□□
尺寸：通长 150 毫米　首宽 97 毫米
腰宽 56 毫米　厚 24 毫米
重量：1995.6 克

瑞应场

南宋银矿，位于福建建宁府松溪县。课利银，即课利钱折银，这里是指银矿的课利银。提点司，全称提点坑治铸钱司，掌矿产采炼及货币铸造。

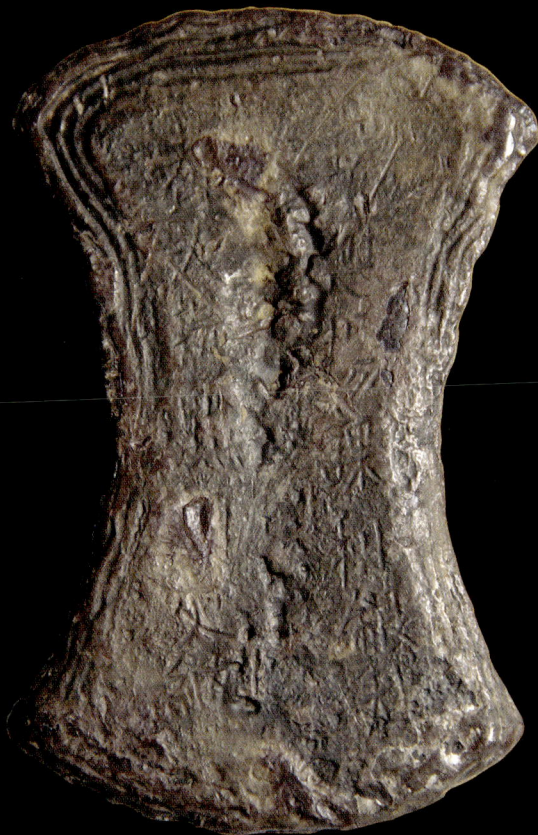

324

瑞应场课利银二十五两银铤

刻字：瑞应场课利银赴都大提点司交纳

尺寸：通长 110 毫米　首宽 75 毫米

腰宽 48 毫米　厚 13 毫米

重量：801 克

河渡银

顾名思义是渡河需交的白银。
这里是指惠州官营渡口收取渡钱
后的折银。

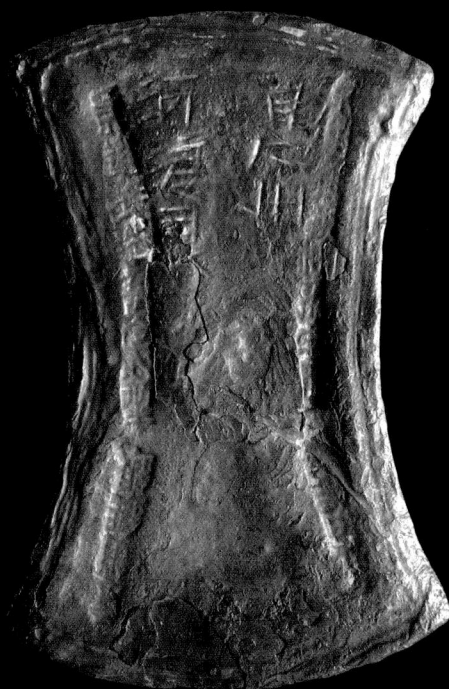

325

惠州河渡银十二两半银铤
戳记：京销铤银　赵孙宅口　重拾贰两半
刻字：惠州河渡银
尺寸：通长 89 毫米　首宽 58.5 毫米
腰宽 41.8 毫米　厚 11.6 毫米
重量：389.1 克

出门税

　　"出门税"顾名思义出门（城门）交纳的税款，虽然在宋史中没有记载，但对商税之一"过税"的记载，可以让我们多少捕捉到一点出门税的痕迹。《宋史·食货志》载："凡州县皆置务，关镇亦或有之，大则专置官监临，小则令、佐兼领，诸州仍令都监、监押同掌。行者赍货，谓之'过税'，每千钱算二十；居者市鬻，谓之住税，每千钱算三十，大约如此。然无定制，其名物各随地宜而不一焉。"可见，出门税银铤是行商纳税的见证。

326

出门税南刘教铺五十两银铤

截记：南刘教铺 真花铤银 出门税
尺寸：通长 162 毫米 首宽 88 毫米
腰宽 62 毫米 厚 19 毫米
重量：1995 克

327

出门税南唐家二十五两银铤

戳记：南唐家 出门税

尺寸：通长 127 首宽 70 毫米

腰宽 47 毫米 厚 13 毫米

重量：978 克

328

**出门税真聂二助聚□
二十五两银铤**

戳记：真聂二助聚□ 出门税

尺寸：通长 120 毫米 首宽 70 毫米

腰宽 48 毫米 厚 17 毫米

重量：971 克

329

出门税李念三二十五两银铤

戳记：出门税 李念三 葫芦印

尺寸：通长 115 毫米 首宽 75 毫米
腰宽 49 毫米 厚 21 毫米

重量：978.3 克

330

出门税赵英助银十二两半银铤

戳记：赵英助银 出门税 真花铤银

尺寸：通长 92 毫米 首宽 62 毫米
腰宽 42 毫米 厚 13 毫米

重量：472 克

军资库银

军资库是宋代州郡最大的钱帛杂物的储藏的官库，属于地方财政，不是一般的军需机构，只是有一定比例的财物要用于军事需要。吴自牧《梦粱录》记载临安府治内也设有军资库："入府治大门，左首军资库与监官衙。"临安府署是南宋京都的最高行政机关，"掌畿之事，籍其户口，均其赋役，颁其禁令"，统一管理京都一府九县的民政、司法、赋税、治安等事务。因此，京城的军资库是储藏地方军资库上缴中央的财物的军资总库。

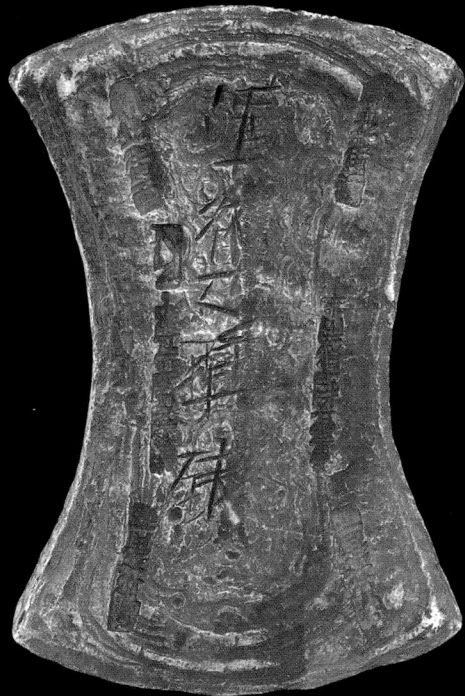

公用银

公用银是公用钱在白银上的体现，是宋代中央及地方政府的一项重要的专项支出，类似今天行政事业经费的一种，主要用于招待往来官员、供给地方官员的日常饮食开支、高级武官的个人津贴、置办公共物资等。主要来源于地方税收、各类经营收入和中央拨付。该"公用"的五十两银铤的铭文显示是江西隆兴府（南昌）的地方政府办公经费。

332

隆兴府公用五十两银铤
戳记：万盛
刻字：从事郎隆兴府左司理参军兼金厅监造公用赵
尺寸：通长 146 毫米 首宽 94 毫米
腰宽 50 毫米 厚 21 毫米
重量：1955 克

333

福建买银重五十二两银铤

刻字：福建买银重伍拾贰两　银验头作□□
通判□官　司法参军陈周□　匠人林崔

尺寸：通长 140 毫米　首宽 88 毫米
腰宽 57 毫米　厚 27 毫米

重量：2000.7 克

在存世的南宋银铤中，有一些铭文比较简洁单一，或仅仅表示银的成色，或表示重量，或表示金银铺名、金银匠名，或葫芦印等押记。还有很多是没有任何戳记、刻字的光板银铤。这说明南宋银铤的类型是多种多样的，从而显示出南宋银铤铸造的广泛性。金银鉴定是金银铺诞生以来的一项不可缺少的业务。买卖、兑换金银都必须要鉴定其真伪和优劣。自古以来鉴定金银就有许多方法，其中最主要的方法是备有各种金银成色的标样，以比较观察之标准。同时，在打造金银时，也必须鉴定其成色。《居家必用事类备要全集》戊集《银》记载了宋代白银的成色有：金漆花银 100％，浓调花银 99.9％，茶色银 99.8％，大胡花银 99.7％，薄花银 99.6％，薄花细渗 99.5％，纸灰花银 99.4％，细渗银 99.3％，粗渗银 99.2％、断渗银 98.5％，无渗银 97.5％ 等十一种。

银铤上的"真花银""花银""渗银""细渗""正渗""肥花银"等铭文就是表示了银的成色。也是白银成色的另一类叫法。葫芦印是宋代特有的押记，是金银铺一种显示信誉的暗记，有的在葫芦印中打上铺名或简称。仔细观察一下，就会发现在南宋金银铤中各式各样的押记比比皆是，形状各异。

聂秦家肥花银五十两银铤

截记：聂秦家 肥花银

尺寸：通长 165 毫米 首宽 90 毫米

腰宽 77 毫米 厚 19 毫米

重量：1975 克

肥花银 表示银的成色，聂秦家是
金银铺名。

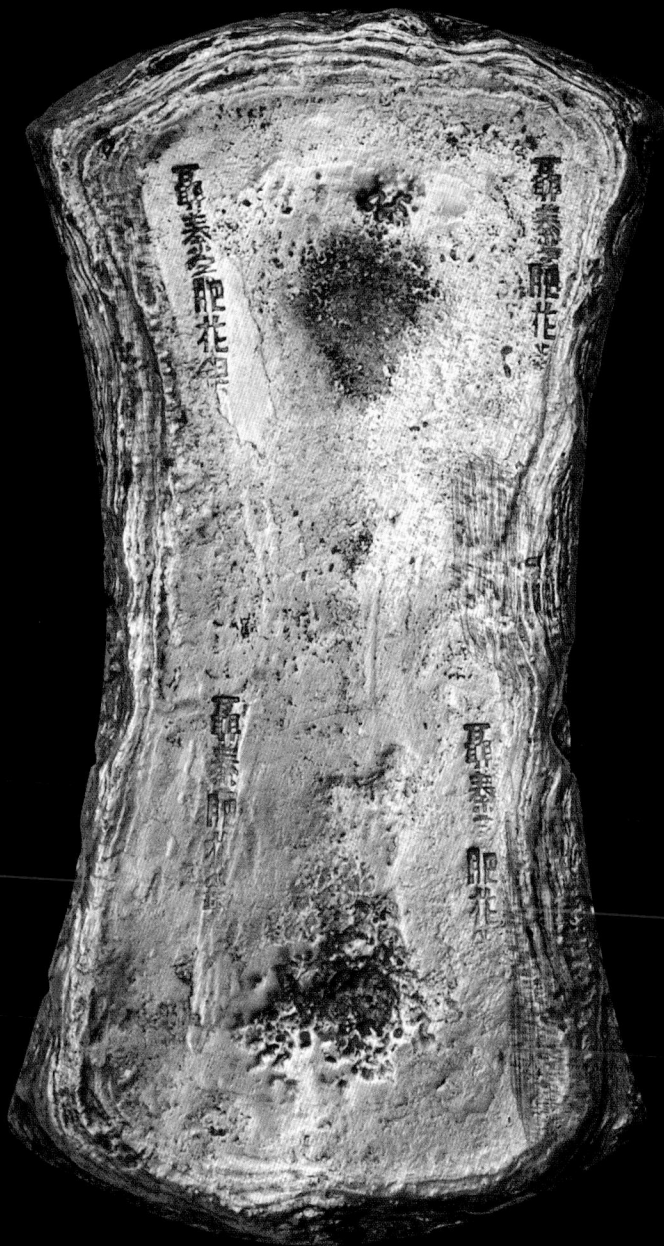

335

真花铤银二十五两

戳记：真花铤银

尺寸：通长 125 毫米 首宽 73 毫米

腰宽 48 毫米 厚 15 毫米

重量：966.6 克

336

真花铤银沈四郎二十五两银铤

戳记：真花铤银 沈四郎

尺寸：通长 114 毫米 首宽 74 毫米

腰宽 50 毫米 厚 18 毫米

重量：991.85 克

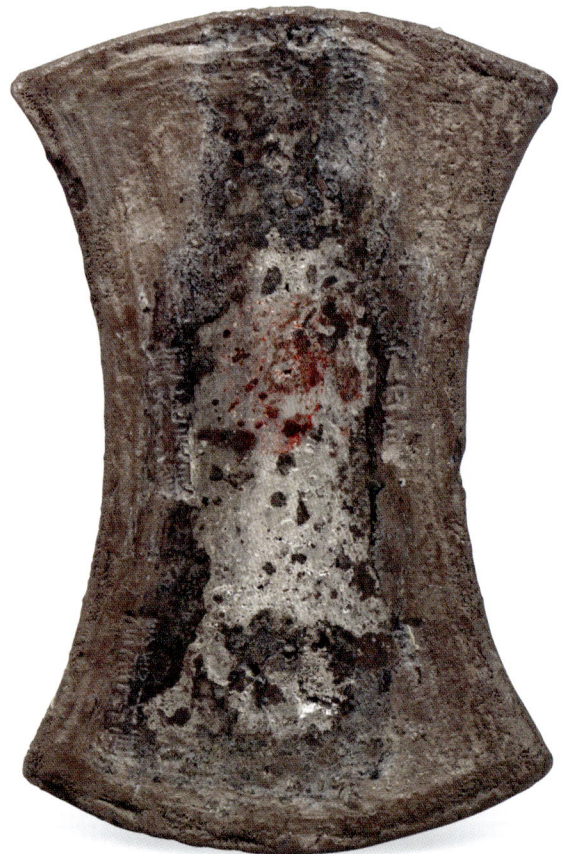

337

真花银十二两半银铤

戳记：真花银 曾七郎 钞铺朱礼□ 梁平验□

刻字：侯远卿等

尺寸：通长 87 毫米 首宽 60 毫米

腰宽 35 毫米 厚 14 毫米

重量：455 克

338

真花银十二两半银铤

戳记：真花银 苏宅韩五郎

尺寸：通长 86 毫米 首宽 60 毫米

宽 42 毫米 厚 13 毫米

重量：453.03 克

339

京销渗银六两银铤

戳记：京销渗银 建康府圈头 旧桥郭宅口

尺寸：通长 70 毫米 首宽 48 毫米

腰宽 31 毫米 厚 10 毫米

重量：220 克

340

二十五两银铤

尺寸：通长 116 毫米 首宽 82 毫米

腰宽 44 毫米 厚 21 毫米

重量：972 克

341

十二两半银铤

尺寸：通长 86 毫米　首宽 57 毫米
腰宽 35 毫米　厚 19 毫米
重量：475 克

342

十二两半银铤

尺寸：通长 84 毫米　首宽 56 毫米
腰宽 36 毫米　厚 18 毫米
重量：460 克

343

十二两银铤

戳记：壹拾贰两

尺寸：通长 88 毫米　首宽 64 毫米

腰宽 39 毫米　厚 12 毫米

重量：410 克

344

十二两半银铤

戳记：□□□□

尺寸：通长 89 毫米　首宽 62 毫米

腰宽 33 毫米　厚 19 毫米

重量：479 克

十二两半银铤

戳记：□□□□

尺寸：通长 88 毫米　首宽 60 毫米

腰宽 31 毫米　厚 14 毫米

重量：467 克

346

十二两半银铤

尺寸：通长 88 毫米　首宽 60 毫米

腰宽 31 毫米　厚 16 毫米

重量：428 克

347

十二两半银铤

尺寸：通长 86 毫米　首宽 57 毫米
腰宽 35 毫米　厚 19 毫米
重量：475 克

348

十两银铤

戳记：□□□□
尺寸：通长 89 毫米　首宽 62 毫米
腰宽 33 毫米　厚 19 毫米
重量：392 克

349

十两银铤

尺寸：通长 86 毫米 首宽 56 毫米
腰宽 35 毫米 厚 16 毫米
重量：391 克

350

十两银铤

尺寸：通长 86 毫米 首宽 56 毫米
腰宽 35 毫米 厚 16 毫米
重量：391 克

351

十两银铤

尺寸：通长 84 毫米 首宽 60 毫米
腰宽 37 毫米 厚 20 毫米
重量：403 克

352

十两银铤

尺寸：通长 84 毫米 首宽 57 毫米
腰宽 34 毫米 厚 16 毫米
重量：383 克

353

十二两半银铤

尺寸：通长 89 毫米　首宽 61 毫米
腰宽 34 毫米　厚 17 毫米
重量：466 克

354

十两银铤

尺寸：通长 82 毫米　首宽 56 毫米
腰宽 31 毫米　厚 17 毫米
重量：371 克

355

十二两半银铤

尺寸：通长 88 毫米　首宽 61 毫米
腰宽 31 毫米　厚 19 毫米
重量：480 克

356

十两银铤

尺寸：通长 88 毫米　首宽 60 毫米
腰宽 35 毫米　厚 16 毫米
重量：489 克

357

十两银铤

截记：□□□□

尺寸：通长 83 毫米 首宽 54 毫米

腰宽 31 毫米 厚 17 毫米

重量：393 克

358

十二两半银铤

截记：□□□□

尺寸：通长 91 毫米 首宽 58 毫米

腰宽 29 毫米 厚 15 毫米

重量：449 克

359

葫芦印十两银铤

戳记：葫芦印

尺寸：通长 81 毫米 首宽 55 毫米

腰宽 32 毫米 厚 18 毫米

重量：393 克

360

葫芦印十二两半银铤

戳记：葫芦印

尺寸：通长 88 毫米 首宽 61 毫米

腰宽 34 毫米 厚 22 毫米

重量：431 克

361

六两银铤

尺寸：通长 67 毫米　首宽 48 毫米
腰宽 30 毫米　厚 18 毫米

重量：203 克

362

六两银铤

戳记：□□□□

尺寸：通长 65 毫米　首宽 45 毫米
腰宽 25 毫米　厚 18 毫米

重量：275 克

363

六两银铤

尺寸：通长 73 毫米 首宽 50 毫米
腰宽 32 毫米 厚 10 毫米

重量：200 克

364

五两银铤

尺寸：通长 68 毫米 首宽 44 毫米
腰宽 24 毫米 厚 10 毫米

重量：158 克

365

段小乙郎十两银铤

截记：段小乙郎

尺寸：通长 86 毫米 首宽 56 毫米

腰宽 35 毫米 厚 16 毫米

重量：389 克

366

段小乙郎十两银铤

截记：段小乙郎

尺寸：通长 86 毫米 首宽 56 毫米

腰宽 34 毫米 厚 16 毫米

重量：391 克

367

盛沈铺十二两半银铤

戳记：盛沈铺

尺寸：通长 89 毫米 首宽 61 毫米

腰宽 42 毫米 厚 13 毫米

重量：452.3 克

368

王宅记十两银铤

戳记：王宅记

尺寸：通长 73 毫米 首宽 53 毫米

腰宽 33 毫米 厚 16 毫米

重量：384 克

369

王记十两银铤

戳记：王记

尺寸：通长 71 毫米 首宽 50 毫米

宽 30 毫米 厚 14 毫米

重量：302.30 克

370

打发□六两二十五钱银铤

戳记：打发□ 京销银 提督官□ 监管官□

尺寸：通长 70 毫米 首宽 47 毫米

腰宽 32 毫米 厚 9 毫米

重量：221 克

371

双葫芦印六两银铤

戳记：葫芦印 王宅

尺寸：通长 69 毫米 首宽 45 毫米

腰宽 29 毫米 厚 22 毫米

重量：229.5 克

372

黄五一郎六两银铤

戳记：黄五一郎

尺寸：通长 69 毫米 首宽 42 毫米

腰宽 28 毫米 厚 13 毫米

重量：259.11 克

373

双葫芦印二十五两银铤

戳记：制府银匠都作头康志 双葫芦印

尺寸：通长 112 毫米 首宽 72 毫米

腰宽 39 毫米 厚 18 毫米

重量：975.7 克

374

双葫芦印二十五两银铤

戳记：制府银匠都作头康志 双葫芦印

尺寸：通长 111 毫米 首宽 71 毫米

腰宽 39 毫米 厚 20 毫米

重量：973.89 克

南宋臨安城金銀交引鋪分布圖

戳記名稱
南宋地名

朝天門里 長慶坊

清河坊北 清河坊

霸東街南 五間樓

霸南街東 通和坊

都稅務前 都稅務

柴木巷 柴垛橋

跨浦橋北 保安門

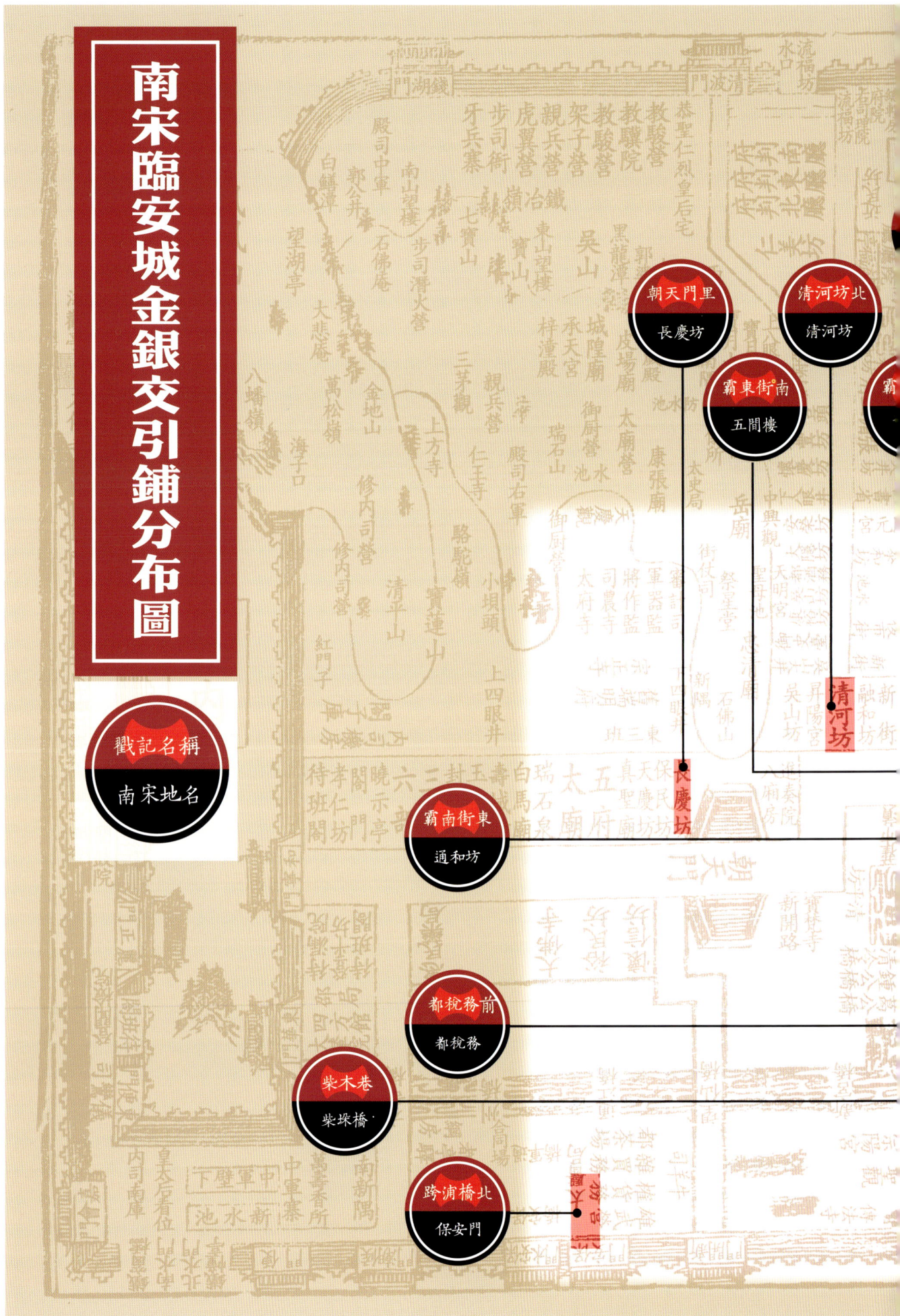

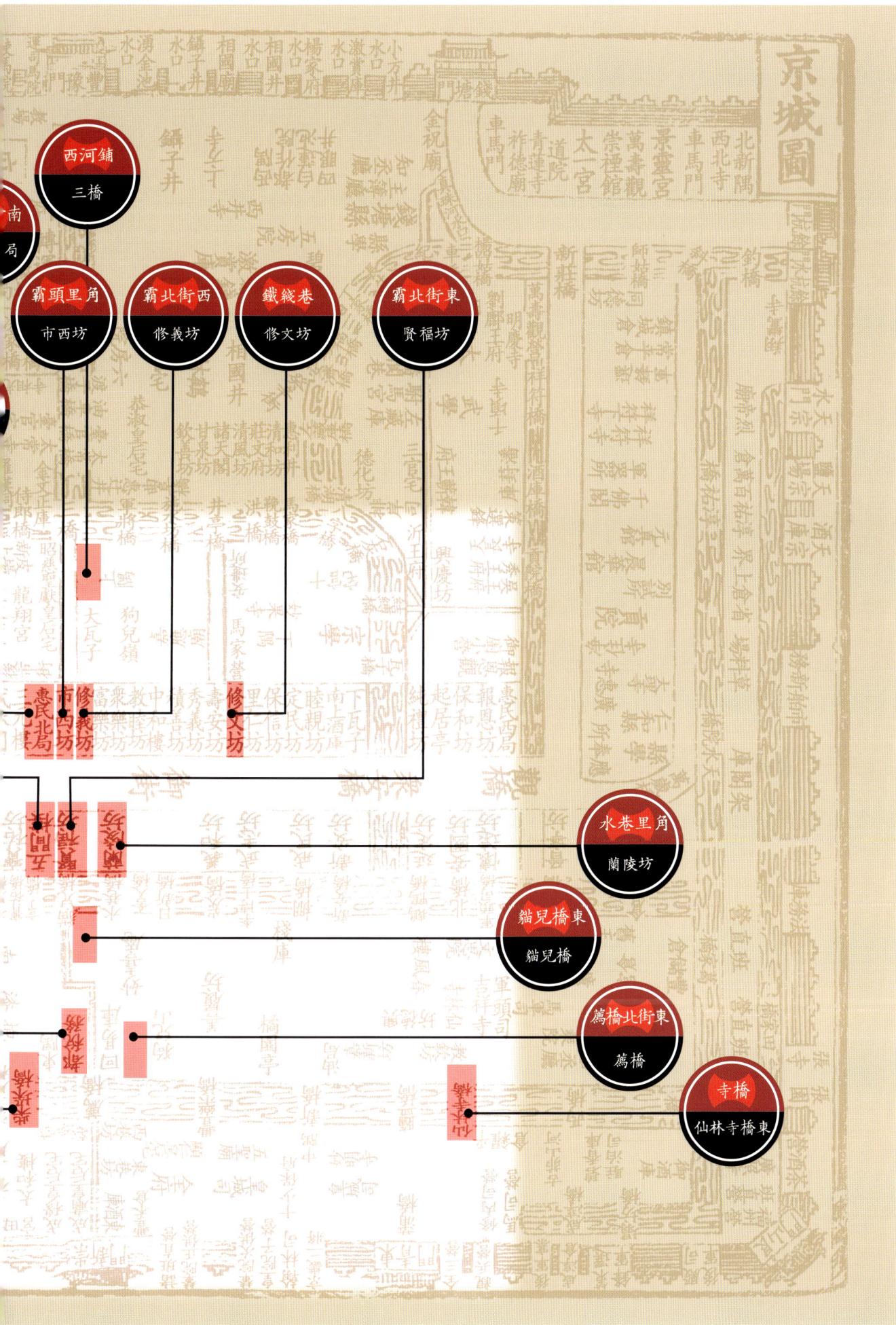

西河鋪
三橋

南
局

霸頭里角
市西坊

霸北街西
修義坊

鐵筵巷
修文坊

霸北街東
賢福坊

惠民北局
市西坊
修義坊

修文坊

水巷里角
蘭陵坊

貓兒橋東
貓兒橋

薦橋北街東
薦橋

寺橋
仙林寺橋東

京城圖

南宋臨安金銀交引鋪分布圖

錢塘門

西湖

平權倉
寺橋
船場
窖瓶場
菜市
菜市
東青門
外沙河

春風樓
清湖河
和豐樓
書房
柴場
馬市
游奕寨百間樓

花市
鐵綫巷
柴場
豐禾倉

柴場
水巷里角
中和樓
霸頭里角
霸北街西
霸西街南
肉市
大瓦子
水門
豐樂樓
豐豫門
歸家羊肉店
西酒庫
西河鋪
霸南街西
霸南街東
瓦子
珠子市
清河坊北
南瓦子
熙春樓
朝天門里
都茶場
新門
羊市

霸北街東
霸東街南
薦橋北街東
都稅務前
柴木巷
猫兒橋東
五間樓
太和樓
崇新門

臨安府
樓店務

清波門

錢湖門

瓦子

跨浦橋北
合同場
保安門

運
瓦子

候朝門
河

水門
便門
和寧門
東華門

大內

▲ 倉　庫
● 店　家
　 倉儲區
　 商業區
　 管理機構

后记

南宋定都临安后，城区人口迅速增加，各种消费品需求扩大，不仅促使商业经济的繁荣，还促进了货币形式的多样化，除纸币与铜钱等重要通货外，贵金属黄金白银作为国家政府的基本财富，在国家税收、专卖制度、海外贸易、地方政府上供、大宗商业贸易等方面都发挥出重要的作用。在民间生活中，金银也在商业贸易、交换、礼赠、借贷、储藏等诸多方面履行了货币的职能。因此，金银货币在南宋多元化货币体系中的地位非常重要。

举办南宋金银货币展览，向观众全面介绍这种鲜有人知晓的珍贵的贵金属称量货币，一直是地处杭州且具有丰富馆藏的浙江省博物馆的愿望。通过对南宋金银货币的集中展示，希望告诉观众这些看似寻常的南宋金银货币的背后，却隐藏了南宋京城临安铸造金银及政府商民使用金银的许多秘密，从商业经济的角度印证了京城临安的繁盛。

这次展览展品以浙江省博物馆馆藏为基础，同时也得到了广东省文物考古研究所、宁波博物馆、湖州博物馆、义乌博物馆、黄石市博物馆等兄弟单位的支持。感谢国家文物局水下文化遗产保护中心孙键研究员的大力帮助。感谢中国钱币学会金银货币专业委员会的肖志军、刘翔、虞友坤、邹海生、胡涛、钱建强、俞东军、顾鼎民、靳稳战、李跃明、李浩、马建伟、陈正煌、胡军忠、陈永青等会员的无私借展珍贵藏品。感谢所有参与策划、筹备展览的同仁和朋友们。

编者

2019 年 7 月 11 日

图书在版编目（CIP）数据

金银同辉：南宋金银货币精华/浙江省博物馆编.
-- 北京：文物出版社，2019.9

ISBN 978-7-5010-6243-0

Ⅰ.①金… Ⅱ.①浙… Ⅲ.①金属货币－古钱（考古）
－研究－中国－南宋 Ⅳ.① K875.64

中国版本图书馆 CIP 数据核字 (2019) 第 179449 号

金银同辉
——南宋金银货币精华

编　　者	浙江省博物馆
主　　编	李晓萍　魏祝挺
责任编辑	许海意
装帧设计	王　梓
责任印制	张道奇
出版发行	文物出版社
地　　址	北京市东直门内北小街 2 号楼
邮　　编	100007
网　　址	http://www.wenwu.com
邮　　箱	web@wenwu.com
经　　销	新华书店
制版印刷	北京荣宝艺品印刷有限公司
开　　本	889mm×1194mm　1/16
印　　张	16
版　　次	2019 年 9 月第 1 版
印　　次	2019 年 9 月第 1 次印刷
书　　号	ISBN 978-7-5010-6243-0
定　　价	300.00 元